ちくま新書

日本経済のウソ

髙橋洋一
Takahashi Yoichi

857

日本経済のウソ【目次】

はじめに――日本経済のウソと真実を見抜け！

†日本経済の定説を疑え

本書は、一九九〇年代半ばから続いている日本のデフレ経済と日本銀行との関わりをテーマにしています。

デフレ（デフレーション）とは、物価が持続的に下がり続ける現象で、今の日本経済を停滞させている大きな原因です。物価が下落しても需要は上がらず、さらにデフレを進行させる悪循環が、この一五年以上も日本経済を停滞させています。この悪循環こそが、日本経済を停滞させ、円高、雇用崩壊、設備投資の減少を引き起こしているのです。

それでは、日本経済の停滞の原因とはなんなのでしょうか。

一九九〇年代からの日本経済の停滞については、「日本の構造的な問題を強調する立場」と「金融政策の失敗を強調する立場」があります。

本書では、後者をサポートするような日銀の**量的緩和**（中央銀行が金融市場に供給する資金の量を増やす金融緩和策）が不十分であったことを、最近の出来事を中心として分析しています。日銀は量的緩和について、「金融システムの安定化のためである」といい、そのマクロ経済効果はないといってきました。しかし、量的緩和に需給ギャップを縮小させるマクロ経済効果がないということであれば、逆にいうと、金融政策が経済停滞の原因とはならないでしょう。

そこで本書では、最近起こったリーマン・ショックが世界各国に同時に影響を与えていることを利用して、**量的緩和にマクロ経済効果があった**ことを実証します。リーマン・ショックは世界同時に影響を与えたにもかかわらず、世界各国ごとで政策に対応の差がありました。その対応の差がリーマン・ショック後の経済パフォーマンスに影響を与えているのです。

経済学などの社会科学では、他の条件を同じにしていろいろな効果を測定する実験がなかなかできません。ところが、リーマン・ショックは、（ちょっと不謹慎かもしれませんが）世界各国に同時に影響を与えたので、あたかも社会実験のようになりました。リーマン・ショック後、日銀を除く世界の中央銀行はバランスシートを拡大し、一種の量的緩和を行ないました。そして、デフレにならずにすみました。そうしたなかで、日本ではショック後の回復がおもわしくないのです。これで直感的に、量的緩和がマクロ経済効果をもっているることがわかるでしょう。

しかし、**量的緩和はマクロ経済効果がないというのが、日本での定説**です。それは、日本銀行の白川方明《しらかわまさあき》総裁が公言しており、日本のほとんどの経済学者も受け入れているかのようです。そして、ほとんどの金融関係者は、「日銀は一生懸命金融緩和したのにデフレから脱却できなかったのだから、量的緩和は効果がない。他の構造問題に取り組むべきだ」といいます。

本書の主張はかなり野心的ですが、このような日本の定説に挑んでいます。そして、そのための実証分析だけではなく、最近の金融政策の動きを描いていきます。

†本来の金融政策の効果とは？

海外の例のなかでも、おもしろいのはスウェーデンのエピソードです。

一般にノーベル経済学賞といわれますが、正式名はアルフレッド・ノーベル記念経済学スウェーデン国立銀行賞といいます。残念ながら日本人の受賞者はまだいません。授賞式などは他のノーベル賞と同じように行なわれていますが、ノーベルが遺贈したものではなく、スウェーデン国立銀行が設立した賞です。

スウェーデン国立銀行とはスウェーデンの中央銀行で、日本の日銀に相当します。世界最初の中央銀行として知られ、一九三一年にスウェーデンを襲った危機に対して、インフレ目標を導入し、大恐慌からいち早く抜け出たことで有名です。そうした歴史と伝統のためでしょうか、国民は経済学を信頼しており、ノーベル経済学賞の創設にもつながっています。

ちなみに、今ユーロ圏は一国の財政破綻というギリシャ問題に苦悩しています。ユーロ圏の国は、共通通貨で広い市場を享受できますが、一方で金融政策を失うことにもなります。こうした事情から、スウェーデンは、イギリス、デンマークなどとともにまだユーロ圏に参加していません。

そのスウェーデンもリーマン・ショックにみまわれました。

スウェーデン国立銀行は、消費者物価指数で年率二％プラスマイナス一％のインフレ目標をとっていました。ホームページには、温度計でインフレ率が示されており、一％以下は「寒い」青色ゾーン、三％以上は「暑い」赤色ゾーンになっています。スウェーデンの消費者物価指数は、リーマン・ショック以降急速に低下し青色ゾーンになり、二〇〇九年四月から一一月までにマイナスにまでなりました。

しかし、リーマン・ショック以降、スウェーデン国立銀行は、ただちに非伝統的金融政策（ゼロ金利と量的緩和）に踏み切り、バランスシートの規模をそれ以前の三倍以上にしました。そして、二〇一〇年二月、一・二％とインフレ目標の範囲に戻り、今でも維持されています。

当時、スウェーデン国立銀行のステファン・イングブス総裁が行なった説明はとても簡単です。彼は、**貨幣数量式**（一年間に行なわれる取引総額が、使われた貨幣総額に等しいという関係を示したもの）を描きました。

M（貨幣ストック）×V（流通速度）＝P（価格）×Y（生産量）

これは、大学で経済学を学んでいる学生であればおなじみのはずです。

そして、非伝統的金融政策の効果は、いろいろな人がいろいろといいますが、この式でいいのです。危機になると、流通速度は小さくなります。それでも、**価格が下がらないよ**

うに、**また生産も下がらないようにするためには、貨幣ストックを増やすしかありません。**

ノーベル経済学賞のスポンサーの中央銀行の総裁が経済学の授業のような説明をするのかと、私はとても驚きました。彼の説明は、海外の中央銀行もやっているからやろう、だけでした。

かつて、日本でも、このような説明をした経済学者がいましたが、多くの学者から、そのような単純な貨幣数量説（第2章参照）を信じているのかと冷水を浴びせられたものでした。

†経済の話はなぜ食いちがうのか？

なぜ日本ではこのように日本経済、なかでも金融政策の話が食いちがうのでしょうか。

私が思い当たるのは、**中央銀行の「独立性」について多くの人が誤解していること、**それと、**その「独立性」のもとで日銀の社会への影響力が過度に大きくなっていることです。**

まず「独立性」については、二〇一〇年五月二六日ベン・バーナンキFRB（米連邦準備制度理事会）議長が日銀本店で行なった講演がおもしろいです。その題名は「中央銀行の独立性、透明性と説明責任」でした。

その講演を報道する新聞各紙の見出しは、「中銀の独立性強調」でした。しかし、この見出しだけ読むとミスリーディングです。実は、バーナンキ議長は、「独立性」の意味を限定的に用いていました。それは、FRBのホームページにアップされた講演草稿のはじめに、「金融政策の目標は政治的に設定されるが、目標達成へ金融政策をどう実行するかは、政治的なコントロールから自由であるべきだとの幅広いコンセンサスが世界的にできあがってきた」と書かれています。さらにその注では、「『目標の独立性』(goal independence)と『手段の独立性』(instrument independence)の違いは有用だ。中央銀行が自由に目標を設定できるという目標の独立性を民主主義社会で正当化することは困難だ。しかし、今日これから話すように、中央銀行が干渉を受けずに適切な金融政策を実施できるような手段の独立性は、経済安定のためにきわめて重要だ」と書かれています。つまり、バーナンキの**独立性とは手段の独立性だけを指している**のです。

この点、白川総裁のスピーチでは、単に独立性というだけで、あたかも目標の独立性まで含んでいるかのような話だったことと好対照です。

ちなみに、現在の日銀法は、目標の独立性まで日銀に与えており、バーナンキのいうように民主主義社会では正当化できないものです。この点を私はバーナンキ本人に説明したことがあり、彼も十分に承知しています。ついでにいえば、彼に「日本では『独立性』がかなり誤解されている」と話したことがあります。彼の講演では、目標の独立性と手段の独立性についての脚注は、当然の話なので普通はありません。日本での講演なので、私の話を思い出してくれて、特別に書いてくれたのかもしれません。

一部マスコミの報道では、政府が**インフレ目標**（具体的な物価上昇率を目標に経済運営する金融政策）を日銀に要求することが、あたかも日銀の独立性に問題があるかのように報じます。しかし、それは、「目標の独立性」と「手段の独立性」のちがいを知らない不勉強によるものです。**世界のコンセンサスからすると、目標の独立性がない中央銀行がインフレ目標を拒否すること自体がおかしいし、目標の独立性まで与えている日銀法そのものがおかしいのです。**だから、政府がインフレ目標を日銀に求め、そのために日銀法改正をするのは、バーナンキのいう世界のコンセンサスに日本もあわせるだけのことなのです。

また、バーナンキ議長は量的緩和について、「普通の金融政策と同じような効果があるので、手段の独立性を確保せよ」と論じていることもおもしろいです。日銀寄りのマスコミ報道では、これを政府から金融緩和策を求められる日銀への援軍と報じていますが、そうではありません。今まで日銀は量的緩和の効果はないといってきたのに、普通の金融政策と同じ効果があるといわれたので、さぞ日銀は困っていることでしょう。

†日銀と日本経済のゆくえ

日銀の社会への影響力は、国会で明らかになっています。

たとえば、「銀行の代表取締役、および短資会社の役員について日銀ＯＢの人数を明らかにされたい」との質問に対し、地銀六八行のうち八行八人で日銀ＯＢが代表取締役を務め、第二地銀四二行中では同じく五行四人、短資会社三社のうち会長二人、社長二人、専務一人、取締役一人、執行役員二人と日銀は答弁しました。短資会社の国内三社に対し、全社に日銀からの天下りがおり、しかも代表取締役の八割、取締役の四割近くが日銀ＯＢになっています。

金融機関には、こうした幹部職員ではないですが、日銀ＯＢのエコノミストやアナリストも多く天下っています。彼らに期待されているのは、日銀からの情報収集です。金融市場では、誰もが当局の情報をほしいのです。現在は、インフレ目標などの外部からでもわかる目標を日銀は明確にしていませんので、金融政策の次の手が読みにくいのです。このため、日本の金融機関は日銀との人的関係を求めがちになっています。

また、今の金融はシステムなくして動かせません。日銀はシステムでも優越的な立場にあり、そのシステムと関連の深いシンクタンクに日銀幹部ＯＢが天下りしています。

さらに、日銀は経済界だけでなく経済学の学会にも影響力があります。霞ヶ関官庁と同じですが、日銀は金融研究所という自前の組織をもっています。金融研究所研究員として、内外の学者を招聘《しょうへい》します。たとえば一年間、個室付きの快適な研究環境が用意されます。こうして招聘された学者が、日銀内という環境のなかで、日銀と同じ考え方をもつようになっても不思議ではありません。

あるいは、そのような恵まれた一部の学者だけでなく、金融研究所で催される研究会に参加する学者に対しても、日銀はさまざまなアプローチを行なって、日銀の金融政策への理解を求めています。こうした学者の囲い込みは、日銀に限らず霞ヶ関官庁でも同じです。学者へは本体組織だけではなく、外郭団体を含めたところからの研究資金が出されることもよくあり、日銀の「御用学者」が形成されています。

また、マスコミに対し、日銀はニュースの材料になる「小ネタ」をしばしば提供します。霞ヶ関では記者クラブ制は崩れつつありますが、日銀クラブでは日銀とマスコミの親密関係はまだ続いています。

このように、日銀は情報とお金によって日本社会に幅広く、強い影響力を行使している官僚組織なのです。

鳩山由紀夫《はとやまゆきお》政権から菅直人《かんなおと》政権へと、いくら内閣が変わろうとも、日本経済の抱えている問題は変わりません。**日銀という官僚組織の虚妄**と、これまでの**定説を疑う**ことからしか**日本経済の復活はない**のです。

第1章

日本はなぜ不況なのか?

——デフレ不況の経済学

1　日本はなぜデフレなのか？

†民主党の経済をふりかえる

歴史的な政権交代から一カ月余りがすぎたころ、日本株の動きは思わしくありませんでした。そのことで、早くも「民主党不況ではないか」と市場ではささやかれていました。

二〇〇九年九月の世界主要八八株価指数の騰落状況のなかでも、日本の東証株価指数（TOPIX）はマイナス二・三％と世界最悪です。日本を除くアジアや欧米を中心にした株式相場は、各国が金融緩和政策などで相場を支えたため上昇トレンドでしたが、日本株だけが取り残されていたのです。

これまでの小選挙区制導入後の総選挙においては、株価は総選挙公示後に上げ、選挙日以降は少し下げ、その後は上昇トレンドに乗るというパターンがほとんどでした。このときの鳩山政権のような、総選挙後の株価の低迷は例を見ないことです。これが政権交代早々のイメージダウンになってしまっていました。

また、株価だけでなく**実体経済**（経済のうち金融面を抜いたもの。GDP＝国内総生産で計測できる）にも不安材料はありました。総選挙前には、政府の経済対策が効果をあげ、景気はどん底状態から脱したという声も聞かれるようになっていましたが、それは一時的な小康状態が訪れていたにすぎませんでした。二〇〇九年四－六月期のGDPの二次速報はかろうじて前期比〇・六％プラスでしたが、その内訳は、内需は一・〇％マイナスで、中国などの外需が一・六％プラスと、完全な外需頼みだったからです。

†円高による外需主導の崩壊

そこに、ここにきての円高で、外需主導が崩れました。

当時の鳩山政権の藤井《ふじい》裕久《ひろひさ》財務相（二〇一〇年一月退任）の円相場感は、古き良き時代のもので、円高容認といってもいいでしょう。藤井財務相は、一九五五年に大蔵省へ入省し、一九七六年に退官した大蔵省OBで、一九九三－九四年に大蔵大臣を経験しています。その時代は円高基調と同時に、日本経済も高度成長期という良い時代でした。

この点は、大蔵省の同期入省で、藤井財務相から財務相特別顧問に起用された行天豊雄《ぎょうてんとよお》国際通貨研究所理事長も同じです。特に、行天氏は、一九八五年の円高誘導を決めたプラザ合意時の国際金融局長であり、当時いわれていた産業構造の転換のためには「円高阻止の為替《かわせ》介入はするな」という立場の人でした。

こうした藤井・行天コンビですが、二〇〇九年九月二四日、金融サミットに出席した藤井財務相は、日米財務相会談で「為替市場は自由経済の牙城《がじょう》。安易に公が介入するのはどうか」と述べ、円安政策をとらない方針を表明しました。政府が為替相場の介入に否定的な姿勢を示すのは異例のことです。このため、鳩山政権は円高を容認していると受け止められ、円高になって、輸出企業を中心とした株価の低迷を招いたのです。

†円高・雇用減少・設備投資減少の波

また、鳩山政権は内需中心の経済に切り替えるともいっていましたが、雇用や設備投資など内需の先行きも心もとないものでした。

二〇〇九年八月の完全失業率は五・五％と、七月の過去最悪の五・七％より改善しましたが、依然として高水準です。それにともない所得の伸びもかんばしくありません。夏だけでなく、冬のボーナスも厳しく、この面から消費への不安もありました。また設備投資でも、日銀短観の二〇〇九年度の設備投資計画は、全産業全規模で前年度比一七・三％減と過去最大の減少幅でした。

円高、雇用減少、設備投資減少。

これらは一見別のもののようで、それぞれ無関係に見えますが、実は複雑にからみ合い、相互に関係しています。これらの対策に必要なものは、**マクロ経済学**（一つの国の経済全体で、適切な経済指標とはなにか、望ましい経済政策とはなにかを考察する経済学）の理解と各経済変数間の具体的な相互関係のデータです。

ところが、鳩山政権には、このマクロ経済への司令塔がおらず、からっきしダメでした。たとえば、鳩山政権は雇用情勢の悪化に対応して緊急雇用対策本部を設置し、年度内にも実施する短期的対策として「雇用調整助成金」の要件緩和を検討しました。すなわち、従業員を解雇せずに（一時休業などで）雇用を維持する企業に国が給付する「雇用調整助成金」によって、見かけ上の完全失業率を引き下げたのです。二〇〇九年八月の対象者は二一一万人でしたが、これら「隠れ失業者」が顕在化せずに、完全失業率は三％強も低くなっています。

この「雇用調整助成金」の原資は、企業と従業員が折半で払ってきた雇用保険料ですが、一部は税金も投入されています。もし、「雇用調整助成金」の要件緩和によって財源が足りなくなり、国債発行ということにでもなれば一大事です。金利を押し上げ、設備投資を減少させ、ひいては円高にもなって、よりいっそう経済環境は悪化し、かえって雇用状況が悪化するかもしれないのですから。

†景気回復、二つの処方箋

それでは、マクロ経済学を使って、適切かつ包括的な対策を考えてみましょう。

まず、内需要因から考えると、雇用減少、設備投資減少は、マクロ経済でのGDPギャップ（総供給と総需要の差額）が発生し、それは将来もあまり縮小しないことを意味しています。二〇〇九年九月時点で四〇兆円程度の総需要不足ですが、もし景気が悪化ということになればさらに膨らむ可能性もあります。

これに対する処方箋は二つあります。

一つは**財政政策**（政府が公共投資や減税などを行なうこと）によって有効需要をつくることです。たとえば、麻生太郎《あそうたろう》政権のときに行なわれた財政出動がこれに当たります。しかし、麻生政権の財政出動では十分ではありませんでした。経済規模から見れば、GDPが日本の二・四倍のアメリカで七八兆円、日本とほぼ同じGDPの中国で五六兆円の景気刺激策でしたが、日本の第二次補正予算は一四兆円でした。しかも、日本では金融緩和が不十分で、国債増発による金利先高もあって、景気対策としてうまくいったとはいいがたいものでした。

二つめは**金融政策**（中央銀行が世に出回るお金の量を調整すること）です。これは実質金利を下げ、設備投資を増加させ、円高対策にもなります。財政政策とともに金融政策を実施すべきというのが、マクロ経済学からの「正解」です。

いずれにしても、金融政策が鍵になるのですが、日本では白川方明日本銀行総裁の存在感はありません。ベン・バーナンキFRB（米連邦準備制度理事会）議長がアメリカ経済を動かしているという評価と対照的です。

ミルトン・フリードマン教授の名言、

「**インフレはいつもどこでも貨幣的現象だ**」

を引くまでもなく、金融政策は物価に影響を与えます。

ここでの物価というのは、「パソコンの価格がいくら」という個別の物価ではなく、**経**

済全体の物価（一般物価。消費者の購入するすべての商品・サービスの価格を平均した「消費者物価」が典型例で、一般物価は個別物価の平均に一致する）です。**個別の物価はそれぞれの競争状態によって決まるが、一般物価は金融政策で決まる**のです。特に、金融政策は一般物価の将来予想に大きな影響を与えます。

一方で、金融政策は**名目金利**（目にするままの金利）にも影響を与えます。

一般物価の将来予想と名目金利への影響を同時に考えてみましょう。

たとえば、金融緩和的な金融政策を長く継続するとします。名目金利を低くしたり、ゼロ金利になったら量的緩和を続けるという場合です。そうすると名目金利が低くなる一方で、一般物価の将来予想は高くなります。つまり、**実質金利**（名目金利から予想物価上昇率＝予想インフレ率を差し引いた金利）は低くなるのです。

この理解は、名目金利がゼロになると、もう引き下げられないので、金融緩和策はできないという、マスコミが信じている「俗説」が誤りであることを示しています。なぜなら、**経済に影響を与えるのは、名目金利ではなく実質金利だから**です。そして、物価上昇率の予想に働きかけることで、実質金利はいくらでも下げられるのです。この名目／実質の区別は、GDPや経済成長をみる際にも重要です。

†日本の金利はアメリカより高い

また、アメリカの金利は高いが日本の金利は低いという話も、名目ではその通りですが、実質では逆であることも我々に教えてくれます。

これは、**物価連動国債**（物価の動きに合わせて変動するように設計された国債）の市場データからわかることです。

二〇〇九年の政権交代時、日本の一〇年国債の利回り（収益の割合）は一・二％、一〇年物価連動国債の利回りは二・四％です。これから一般物価の将来予想はマイナス一・二％となります。一方、アメリカの一〇年国債の利回りは三・二％、一〇年物価連動国債の利回りは一・五％です。これから一般物価の将来予想はマイナス一・七％となります。したがって、日本とアメリカで、それぞれ名目金利は一・二％と三・二％、実質金利は二・四％と一・五％です。このように実質金利が日本のほうが高いので、今後日本の設備投資に懸念があるのは当然です。

さらに、日本では一般物価の将来予想がマイナス一・二％ということでデフレ、アメリカはプラス一・七％なので正常です。この状態だと、円ドルレートには円高圧力がかかります。実質金利が日本のほうが高いことも円高圧力です。このように、日本経済は藤井財務相の不用意な発言で簡単に円高になる地合《じあい》（相場の状態）だったのです。

†日銀はデフレ経済の確信犯だ

これが日本の金融政策の事実です。

しかも、筆者の見るところ、**日銀はデフレ経済にしている「確信犯」**です。

というのは、日銀は消費者物価（除く生鮮食品）を〇～二％にするような金融政策を運営しているといいますが、実際には、消費者物価（除くエネルギー・食品）がマイナス一～〇％になるように金融政策を行なってきました（図1）。

一方、他の先進国は、消費者物価（除くエネルギー・食品）が一～三％になるように金融政策を行なっているので、明らかに日本は「デフレ経済」指向の金融政策です。この結果、名目成長率（GDPの伸び率）が先進国最低クラスを十数年間も続けたり、常に円高圧力にさらされたりしてきたのです。

なぜ、こんなことになったかといえば、**日銀法の欠陥**のためです。

先進国では、中央銀行の独立性は「手段の独立性」であり、「目標の独立性」でありま

図1　消費者物価指数（前年同月比）の推移

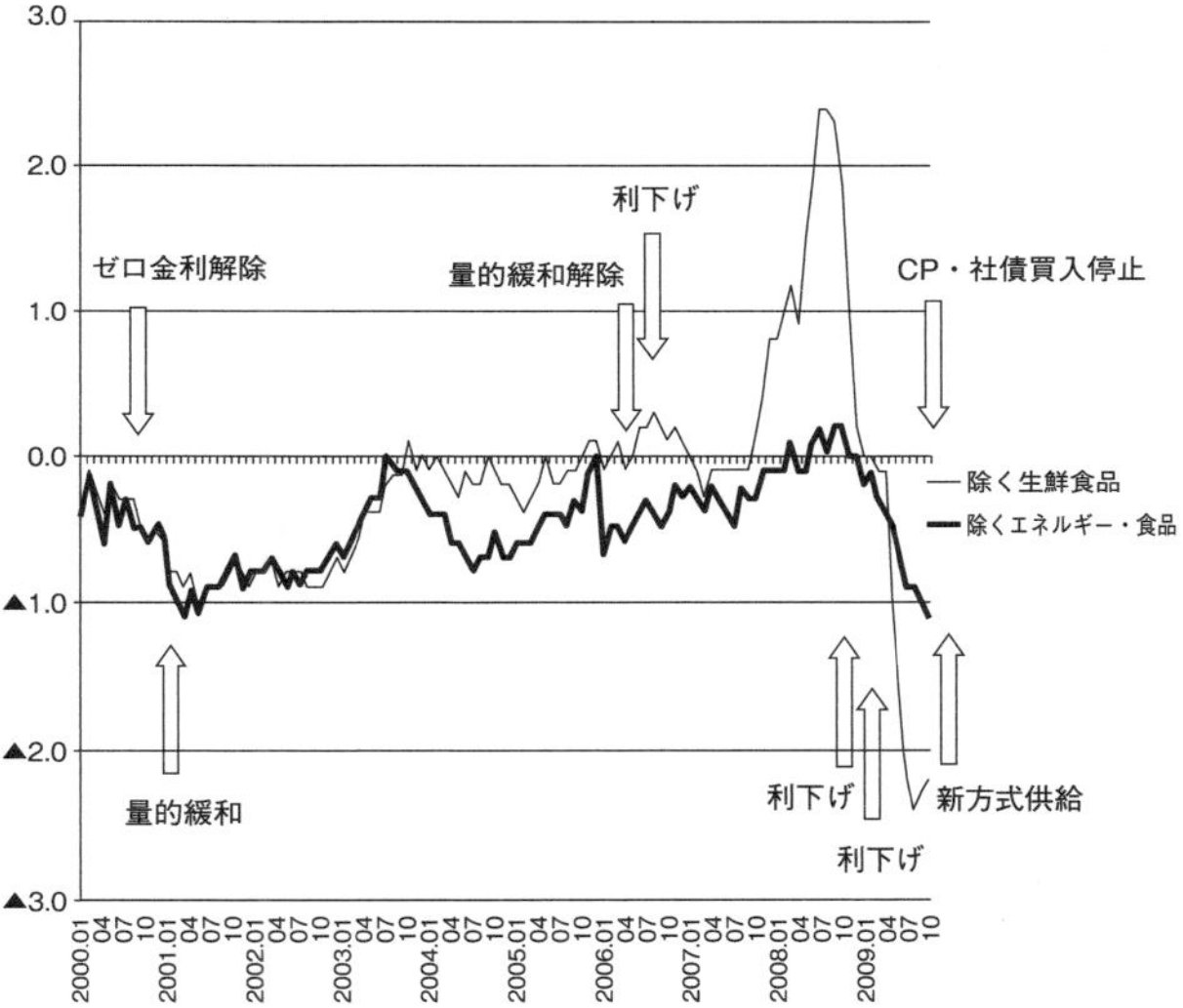

せん。つまり、消費者物価（除くエネルギー・食品）を一～三％にするという目標は政府が決め、それを達成するためにどうするかは、中央銀行に任せるのです。

ところが、日銀法では目標まで日銀が決めてよく、その結果デフレ経済になっても日銀の責任ではないのです。こんなに強大な権限の中央銀行は世界にほとんどありません。しかも、その結果として十数年間もデフレ経済で苦しむのが国民では泣くに泣けません。

それでは、国民は泣き寝入りでしょうか。

ここでこそ、民主党に政治主導をとってもらいたい。そのときは、日銀の意向を受けた「ぽちマスコミ」から、「中央銀行の独立性を犯すな」という反論がくるでしょう。そのときには、**「中央銀行の独立性は『手段の独立性』であって、『目標の独立性』はない。中央銀行に目標を与えるのは、政治の責任である」**と堂々といえばいいのです。

2　デフレは誰の責任か？

†景気対策は金額が重要だ

「なんで金曜に来なかったんですか？」

二〇〇九年一二月八日朝、首相官邸で開かれた基本政策閣僚委員会は、のっけから険悪な空気に包まれました。菅直人副総理兼国家戦略担当相（現・総理）が、前週の四日に委員会を欠席した亀井静香金融担当兼郵政改革担当相（二〇一〇年六月辞任）を批判し、両者の間で激論――というか、うらみつらみのいいあい――が二〇分間も続きました。

同委員会後の閣議で、七兆二千億円規模の第二次補正予算が決まりました。内訳は雇用六千億円、環境八千億円、景気一兆七千億円、生活安心確保八千億円、地方支援五千億円、それに交付税の減少額の補塡が三兆円。これをGDP増分ベースでみれば四兆円程度です。

この第二次補正予算が決まる一週間前の一二月一日に、日銀が金融緩和強化（これが本当の緩和策なのかどうか疑わしいのですが、それは後述します）を決めているので、これで景気対策はおしまいです。四兆円という財政支出額よりも中身が重要だという人もいますが、ジョン・M・ケインズ卿の「穴を掘って再び埋め直してもいい」といういい方をしないまでも、**景気対策としては金額のほうが重要**です。

翌九日、二〇〇九年七~九月期GDPの二次速報が発表され、年率換算で四・八%から一・三%へ大幅に下方修正されました。その理由は、企業の設備投資の動きが想定よりも弱かったためです。設備投資は二・八%減で、一次速報の一・六%増からマイナスに修正され、二〇〇八年四―六月期から六四半期連続の減少です。デフレで収益が悪化するなど、景気の先行きの不透明さが増したうえに、さらに実質金利も高くなり、企業が工場建設などの投資を控えていることが鮮明になりました。

†三年五カ月ぶりのデフレ宣言

問題はデフレですが、ここに絞って最近の出来事をふりかえりましょう。

二〇〇九年一一月二〇日、政府月例経済報告のなかで、

「**物価の動向を総合してみると、緩やかなデフレ状況にある**」

という文章が新たに入り、政府として二〇〇六年六月以来、三年五カ月ぶりに「デフレ」認識を公式に示しました。一般にはかなり唐突感がありましたが、一八日にOECD（経済協力開発機構）のアンヘル・グリア事務総長が菅総理に会って、「日銀はデフレと闘え」と発破をかけたから、そこでにわかに危機意識を高めたのではないでしょうか。

一〇月の時点で、現状をはっきりデフレと指摘したメディアはほとんどありませんでした。日銀にもその危機感はなく、現に一〇月三〇日、白川総裁はデフレ宣言とは正反対の逆噴射をふかしています。この日の政策決定会合で、企業金融支援特別オペ（いわゆるモンスターオペ）を二〇一〇年三月末に完了させ、企業の資金調達手段であるCPや社債の買い取りは一二月末で完了すると決めました。アメリカのリーマン・ショックから一年余りを経て、一日も早く緊急措置の「出口」を探ろうとしたのです。

同日公表された日銀の「経済・物価情勢の展望」（展望レポート）では、三年連続物価上昇率がマイナスになるという見通しを立てています。それでも白川総裁は記者会見で、「デフレという言葉で呼ぶかどうかは、論ずる人の定義如何によりますから、その問題にここでは入るつもりはありません」ととぼけています。記者もバカにされたものです。デフレは**「物価が二年連続して下がる」**というのが**国際社会の常識**です。デフレの定義をうんぬんする人は、例外なくデフレがわかっていない容認論者がほとんどなのです。

三週間後に政府がデフレを宣言するとは夢にも思っていなかったことが良くわかる総裁会見でした。政策決定会合に出席した野田佳彦《のだよしひこ》財務副大臣（現・財務大臣）ら政府側も間抜けで、日銀のこれらの措置に「待った」（議決延期請求）もかけずに見すごしました。

†政府と日銀の齟齬のゆくえ

つまり一一月はじめの段階で、政府・日銀にはデフレという認識がなかったのです。ようやく政府が一一月二〇日にデフレを宣言したのに、同日に開かれた政策決定会合ではなんの金融緩和策も出ませんでした。政府と日銀の間で明らかに齟齬《そご》が生じています。政権交代で難問続出だった民主党は、マクロ経済分野では国家戦略室（局）が機能不全に陥り、副総理だった菅氏も棚ボタ待ちで次期総理の座を狙っているから動きませんでした。

一方、政府と日銀は言葉の上では「連絡を密にしている」といっていましたが、驚くことに鳩山元総理と白川総裁は政権交代以後、ほとんど会っていませんでした。自公連立政権では経済財政諮問《しもん》会議があったので、少なくとも二週間に一回以上、総理と総裁は会っていたし、ほかにも頻繁に顔をあわせる機会があったのと比べると大きなちがいです。

そこで、泥ナワ式に総理と総裁の会談が一二月二日にセットされました。

その前日に日銀は臨時政策決定会合を開くことを決めています。日銀は総理との会談後に金融政策を変更するのは圧力に屈したかに見えるためなんとしても避けたかったので、決定会合を先にしてメンツを保った格好でした。

また、実は首相官邸で行なわれた総理と総裁の会談に、亀井金融相を入れるかどうかでも揉《も》めていたようです。日銀は当然、金融政策に不満を隠さない亀井金融相が入ることを拒否しましたが、日銀出身の大塚耕平《おおつかこうへい》内閣府副大臣をからめると亀井金融相が出てきかねない、という奇妙な舞台裏だったようです。

臨時会合で決めたのは、「政策金利の〇・一％で期間三カ月の資金を一〇兆円程度供給する。担保は国債、社債、CPなどすべての適格担保を対象とする」というものでした。白川総裁の言葉では「広い意味での量的緩和」となりますが、その表現はミスリードでしょう。新型オペの実態は、日銀が一〇月末の逆噴射――CP・社債の買い取り中止や企業金融支援特別オペ打ち切りを復活させた程度だからです。

†日本のマクロ経済はどうなっているのか?

その後、市場は一週間ほど円安にふれ、日経平均株価は一万円台に回復して一息ついたようにみえましたが、日本のデフレ状態は変わらず、潜在的には円高傾向のままでした。

購買力平価説(二国間の為替相場は、それぞれの国内でもっている購買力の比率によって決まるとする理論)の**ビッグマック指数**(マクドナルドのハンバーガーが米国で一ドル、日本で一〇〇円なら一ドル=一〇〇円という値段を目安にみた指数)でわかるように、**長期的にはデフレで物価が安くなると通貨高になる**からです。今のように物価がマイナスだと実質金利も高くなるので、通貨高が実現しやすくなります。そのうえ日本は実体経済も良くない以上、通貨だけではなく株価も安心できません。

いったい、日本のマクロ経済はどうなっているのでしょう。

内閣府によれば、二〇〇九年七―九月期のGDP上昇を織り込んでも、日本経済にはGDPの約七%、三五兆円にのぼる大きなGDPギャップ(総需要と総供給の落差)がありま す。このようなGDPギャップがあると、経済は高い失業率とデフレに悩まされることになります。

日本の場合、三五兆円のGDPギャップは失業率を二〜三%程度、失業者を一三〇万〜二〇〇万人ほど増やしてしまいます。労働者を正規雇用と非正規雇用に分けると、失業者のなかでも非正規雇用のほうが大きな打撃を受けます。また、新規雇用も採用中止になるなど、労働者間の格差も大きくなります。さらにはアルバイトの採用停止や就業時間制限、高校・大学新卒者の就職内定率の低下といった形で、多くの労働者が苦しい思いをするでしょう。そして、これは一部の地域で顕在化しつつあることです。

†迅速なデフレ対策が日本経済を救う

「デフレはモノの値段が下がる」と喜ぶ人がいますが、それは自分の給料が横ばいか昇給すると思っているからです。

たしかにデフレになるとモノの値段が下がるのですが、しかし多くの場合、**モノの値段が下がれば給料も下がる**ことになります。デフレがいいという話は、「相対価格」(物の値段を別の物によって相対的に表した値)と「一般物価水準」(社会全体の一般的な物価を示した値)を混同しているのです。

デフレとは「一般物価水準」の低下であり、二〇〇一年の経済財政白書がいうとおり、経済に悪影響を及ぼします。そのため失業を減らしデフレから脱却するためには、一刻も早くGDPギャップをなくすような政府・日銀によるマクロ経済政策（財政・金融政策）が必要なのです。

ちなみにグリア事務総長が持参してきたOECD経済見通しでは、**日本のGDPギャップは先進国のなかでも最悪**の部類に属しています。筆者は、これらのリポートを参考にしながら、この経済危機で生じたGDPギャップを財政・金融政策で各国がどう埋めようと対応してきたかを試算してみました（図2）。

たとえばアメリカはリーマン・ショック後、GDPギャップが一〇％を超えていました。しかし、まずGDPの五％程度の財政出動によって、二〇〇九年でギャップが五％程度に縮まって日本よりも改善しました。さらに中央銀行にあたるFRBが「信用緩和策」――民間の社債、CPなどの買い取りなど、日銀が二〇〇一年三月から二〇〇六年六月まで続けた量的緩和をさらに強化したような非伝統的な金融政策――に踏み切りました。これによりGDPギャップは将来にわたって八％程度改善する効果があります。したがってアメリカの財政・金融政策は、大きなGDPギャップを完全に穴埋めできるような規模で行なわれたといえます。

図２　各国におけるGDPギャップの埋め方

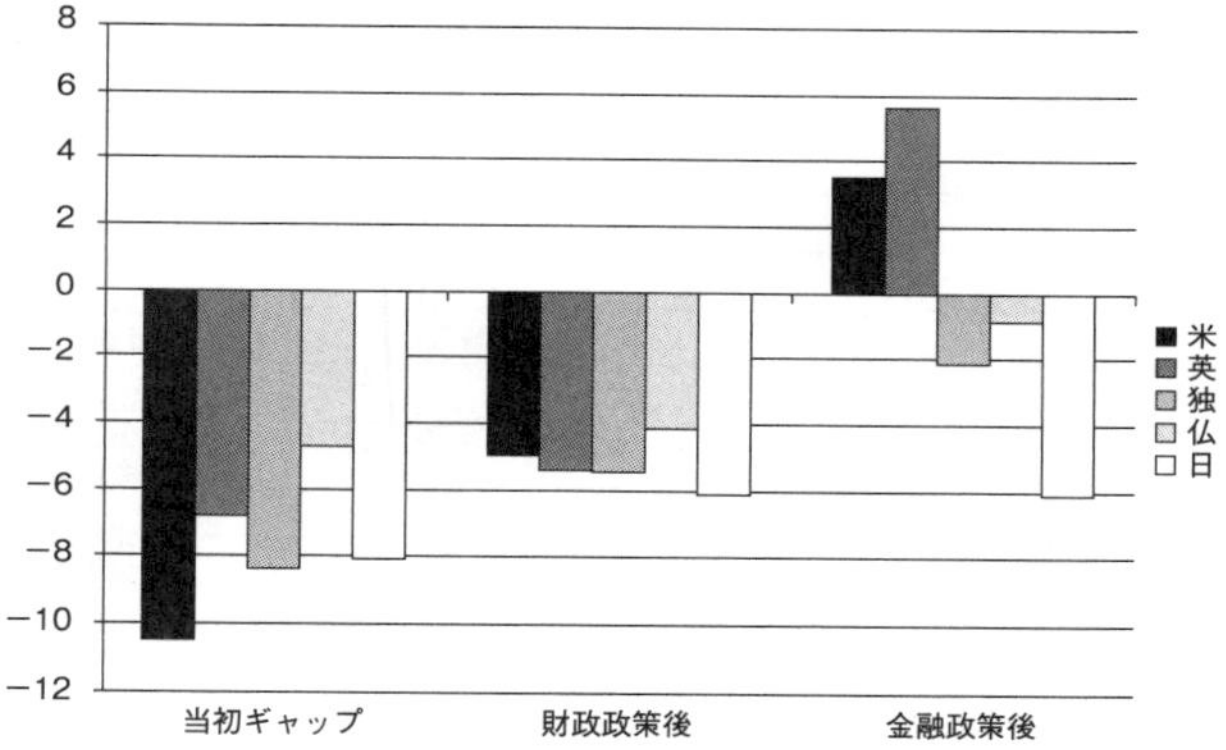

ヨーロッパ諸国も同様に、財政政策と金融政策の両輪で金融危機がもたらしたGDPギャップをほぼ埋めるように行なわれています。

†日本は金融政策を行なわない唯一の国である

それでは日本はどうでしょうか。

麻生自民党政権の時代に、国際的には「財政支出はGDP二%程度だ」といって、補正予算を通じた一四兆円の景気対策を行ないました。しかし金融政策は実質的にはほとんど出動しませんでした。その結果、今でもGDPギャップは世界最悪の大きな開きをみせています。

このように、**金融政策がほとんど行なわれていないのが日本の特徴です**。それは、各国中央銀行のバランスシートの拡大ぶりをみても、日

図3　各中央銀行のバランスシートの推移

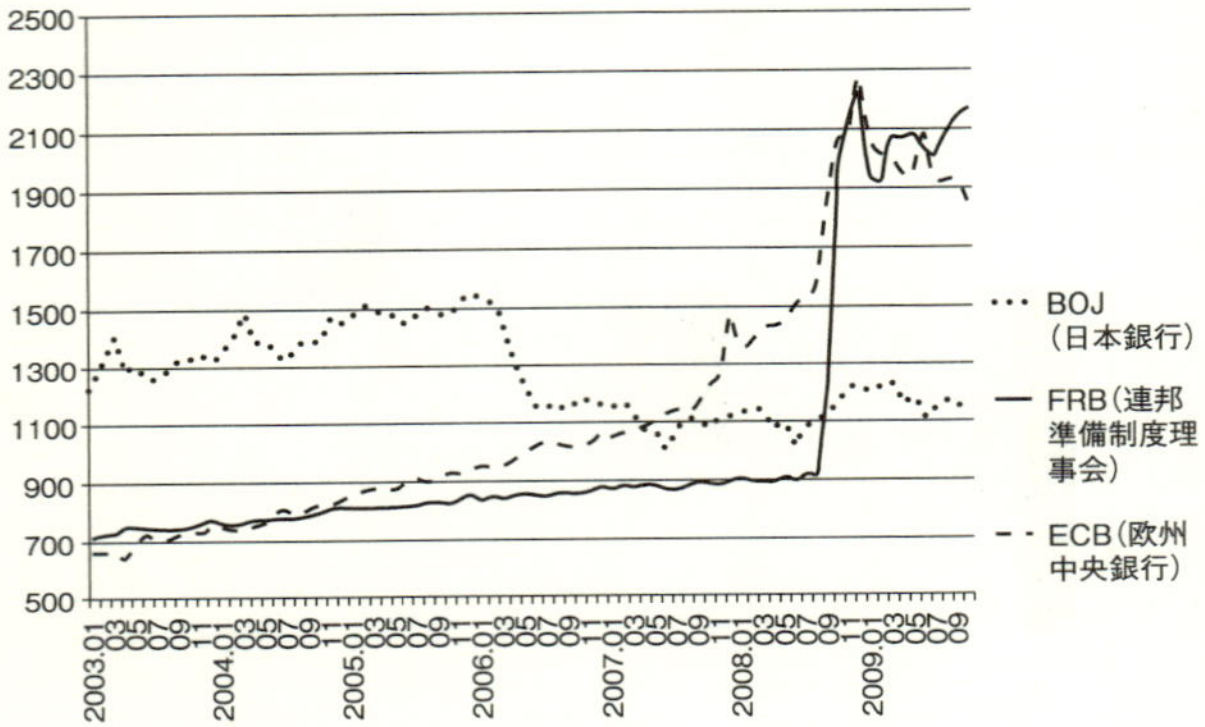

本だけ見劣りしていることでわかります（図3）。仮に今回の第二次補正をくわえても財政政策ではGDP一％程度であり、まだまだGDPギャップを埋めるには至りません。

日本のデフレは世界から見ても異常な事態です。

ちなみにOECD経済見通しで、三〇カ国のうち二〇〇九年の物価上昇率がマイナスの国は日本を含め八カ国ありますが、二年続けてマイナスは日本、アイルランドの二カ国だけです。実は日本は三年連続マイナスで、こんな国はほかにありません。

今回は日銀が政策誘導のタイミングでチョンボを犯したことは明らかですが、日銀は二〇〇八年もミスしています。二〇〇八年一〇月八日、リーマン・ショック後に米欧の銀行間市場が凍りつき、連鎖リスクが高まったため、世界同時に利下げが行なわれました。利下げを発表・実施したのは欧米六中銀のほか、中国、UAE（アラブ首長国連邦）、香港、クウェートの計一〇カ国・地域です。そこに日本の名はありません。その前日の七日、日銀は政策決定会合で金利すえ置きを決めていたのです。

八日当日、日銀は利下げではなく「支持」を表明しました。あるテレビ局は「支持」を「支援」と報道して慌てて訂正しました。それほど日銀の利下げ不参加は、微妙かつ奇異な出来事でした。マスコミからも「日本の不参加で市場には主要七カ国（G7）の足並みの乱れを指摘する声が出る可能性もある」といわれていました。

「すでに低金利だったので利下げの余地が乏しかった」という日銀を擁護する意見もありますが、**ゼロ金利下でも量的緩和によって実質金利をマイナス金利にできる**ことは、日銀自身すでに実績があります。日本だけが金融緩和しなかったため相対的に日本の金利は割高になり、円高圧力がかかって円が急騰し、優良株といわれる輸出関連株が下がって怨嗟《えんさ》の声があがりました。日銀が重い腰をあげて政策金利を〇・二％下げたのは一〇月三一日、それでも足りず一二月一九日に〇・二％下げて現行の〇・一％にしたのです。

一九九九年から二〇〇一年にかけて行なわれた速水優《はやみまさる》総裁時代のゼロ金利と量的緩和政

策に反対したのが、当時審議役だった今の白川総裁と、山口泰《やまぐちやすし》副総裁です。利下げもしぶしぶでしたが、非伝統的な金融緩和も米欧に比べて消極的だったのは明らかです。

実は日本の景気が悪いのは、サブプライムローン（低所得者向けの住宅ローン）**破綻の余波というより、二〇〇六ー〇七年の金融引き締めが原因です。**二〇〇六年三月、福井俊彦《ふくいとしひこ》総裁のもとで量的緩和政策を解除し、同年七月と二〇〇七年二月、政策金利をそれぞれ〇・二五%ずつ引き上げました。定量分析をしても、二〇〇六年なかごろから予兆がみえ、二〇〇七年に確実になった景気下降をよく説明できました。サブプライムで直撃弾を受けていない日本の景気が不振を脱することができないのは、日銀の政策ミスによるところが大きいのです。

実は、福井氏が小泉政権で日銀総裁に就任したとき、小泉首相などの政権幹部に、デフレ脱却を約束しました。しかし、これは非公開の場での単なる口約束でした。結局、福井総裁は任期中デフレ脱却をできなかったばかりか、最後になって前述のような量的緩和解除という失敗をしました。そのとき、私は竹中平蔵《たけなかへいぞう》総務大臣補佐官をしており、次ページの図（図4）の分析に基づき半年から一年以内に景気が悪くなるという予測をし、竹中大臣などに説明しました。この図を見た人は、量的緩和を解除すると、デフレから脱却でき

図4　当座預金残高と予想インフレの相関

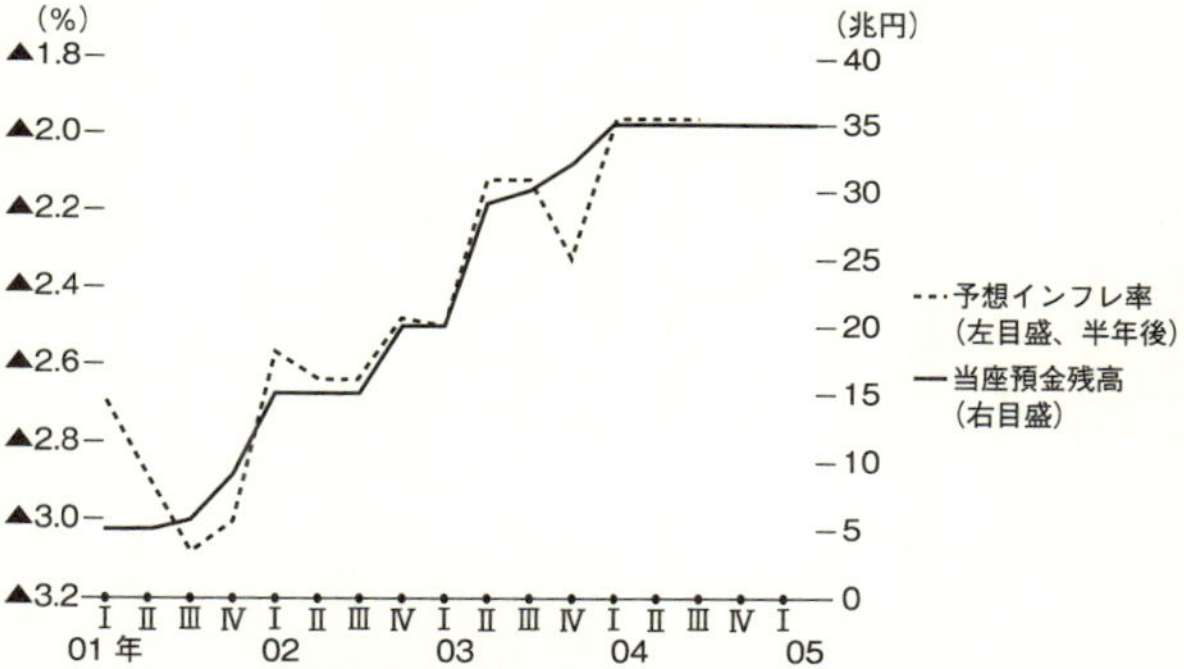

（注）予想インフレ率は日銀短観からカールソン・パーキン法により算出

ず、景気がかえって悪くなるといいました。この量的緩和解除には、竹中大臣も反対でしたし、自民党の中川秀直政調会長も反対でした。ところが、政権末期でパワーがなく、押し切られたのです。

ただし、その反省から、その後、日銀総裁、副総裁や審議委員を国会で同意人事するときには、公開の場で候補者に質問するようになりました。候補者は国会できちんと話すことが求められるようになりました。

二〇〇六年からの金融引き締めの担当者は現総裁の白川筆頭理事です。彼は二〇〇六―〇七年、二〇〇八年、二〇〇九年と連続して三度のミスを犯しているのですが、会見では薄笑いを浮かべて恥じる様子もありません。ただ、ここまで繰り返すのは、単なるミスではなく、確信犯であると思えてならないのです。

†日銀はなぜデフレ・ターゲティングなのか？

世界標準の消費者物価指数（除くエネルギー・食品）でみると、日銀は二〇〇〇年以降、「マイナス一～〇％」の幅に物価をコントロールしています。これは単なる偶然ではありえません。実際、日銀の金融政策変更をみれば、ひどいデフレ（マイナス一％以下）にならないよう、しかもデフレから脱却（〇％以上）しないよう、完璧にコントロールしているとしかみえません（29ページの図1）。

日銀は、世界の先進国で標準的になっているインフレ目標について、「実施できる手段がないと信頼を損なう」として反対してきましたが、二〇〇〇年以降の結果だけをみると、とんでもありません。皮肉をこめていえば、**日銀は世界でもっとも物価管理能力のある中央銀行です。ただし、その目標ゾーンが狂っています。**「マイナス一～〇％」ではなく「**一～二％**」と、**二％ポイントほど上に設定**すべきなのです。

日銀から金融ネタをもらう御用聞き・マスコミや、研究助成を受ける御用経済学者のなかに「本石町《ほんごくちよう》応援団」が多くいます。彼らは日銀の顔色を読んで「量的緩和をしても効果がなかった」と口をそろえます。顕著な効果がなかったのは、物価を生かさず殺さず「デフレ・ターゲティング」に押し込めてきたためです。

筆者は二〇〇九年一〇月の消費者物価指数（除くエネルギー・食品）がマイナス一・一％と判明し、「マイナス一～〇％」の目標ゾーンから下振れしたときから、日銀はなにかやると思っていました。ゾーンを上か下に外れたら動くのが、これまでの日銀の行動パターンだからです。しかしデフレ脱却まではやりません。

デフレ脱却のためには、GDPギャップを埋めれば良く、長期国債買い入れで量的緩和を三〇兆円以上、または同じことですが財政法第五条但し書きに基づく日銀引き受け三〇兆円を行なえばいいことです。だが、「デフレの闘士」どころか「デフレ愛好」の白川日銀に、それは望むべくもない話です。

†デフレから守られているのは誰か？

二〇〇九年一二月二一日の日銀政策決定会合の後、白川総裁がテレビ出演（テレビ東京と日経CNBC）し、真意を説明したので見てみました。

「ファミレスに行ったら、こんなに買えるのかと驚いた」

番組はそんな発言からはじまりました。

ちょっとこれはいただけません。親しみやすい印象を演出したつもりでしょうが、「民の下情《かじょう》を見たり」といわんばかりで、反感を覚えた人が多かったのではないでしょうか。正直にいえば、筆者はテレビや新聞は基本的に見ません。あまりにジャンクな情報ばかりで見るに値しないからですが、日銀総裁がテレビに単独で出るのはかなり珍しいことです。出演は日銀の働きかけだろうし、テレビ局も涙が出るほどうれしかったでしょうが、馬脚が見えてしまいました。

たしかに世の中はデフレで、モノやサービスの値段が下がっています。しかしその下がり方より、人によっては給料の下がり方のほうが大きいのです。とくに非正規労働者ら社会的弱者ではその傾向が強い。逆に公務員や日銀マンは給料が下がりにくい。ああいう庶民を見下したような総裁の表現も、そこから出てくるのでしょう。

ちなみに日銀総裁の年収は、二〇〇五年度が前年度比〇・一％増、二〇〇六年度一・七％減、二〇〇七年度すえ置き、二〇〇八年度すえ置き、二〇〇九年度二・四％減となって、二〇〇五年度の三六四〇万円から二〇〇九年度は三四九二万円と一五〇万円近く減っています。

しかし、国税庁民間給与実態統計調査によれば、民間企業の平均給与だって二〇〇五年度〇・五％減、二〇〇六年度〇・四％減、二〇〇七年度〇・五％増、二〇〇八年度一・七％減と、二〇〇五年度の四三七万円から四三〇万円（二〇〇八年度）に落ち込んでいます。二〇〇五—〇八年度でみると、日銀総裁は四年間の累計で一・六％減、民間は同二・一％減です。二〇〇九年度も民間企業のほうがさらに減少するでしょうから、やはり**日銀総裁の年収は民間よりデフレから守られている**のです。民間人なら誰しも「結構なご身分ですな」と嫌みのひとつもいいたくなります。

†国に産業の将来は見極められない

テレビの白川総裁は日本がデフレになっている理由として、

①内外価格差の是正
②サービス価格の低下
③将来成長の低下予想

の三つをあげていました。これには聞き手の民間エコノミストから突っ込みがあるだろうと思っていたら、なくて拍子抜けしました。

このうち①と②は物価といっても個別価格の話ですから、一般物価の下落を意味するデフレとは論理的には関係ありません。これはシカゴ大学の故ミルトン・フリードマン教授がいったことですが、**ある個別価格の低下は他のモノの価格を押し上げるので、すべてのモノの価格の平均である一般物価には影響を与えない**のです。

この話は、世の中のお金の合計が人々の財布に入っていると考えるとわかりやすいでしょう。財布の中の金額が同じなら、あるモノの価格が下がると予算に余裕ができて、高くても他のモノを買うようになるので、他のモノの価格が上がるのです。結局、長い目でみればお金の総額で一般物価の動きはよく説明できます。日本は少なくとも一〇年以上もデフレなので、①と②ではそれを説明できません。

このエコノミストのイロハを白川総裁も十分に承知しているから、一般物価と個別物価を混同していないあかしに、③の将来成長の低下予想が重要といったのでしょう。

デフレの責任の所在を成長戦略に持っていくのは、政治的には高等戦術といえます。民主党政権は、総選挙中から成長戦略の欠如を指摘されていましたが、二〇〇九年末に菅直人副総理のもとで近藤洋介《こんどうようすけ》経済産業大臣政務官らが書いた成長戦略を発表しました。中身は古き良き時代の官僚による産業政策です。「脱官僚」の民主党が、経産官僚が自公政権時代に書いた成長「物語」の民主党バージョンを呑んだのですから、その点でもお笑いですが、これほどまでに政治家は成長戦略が好きなのです。成長戦略は産業政策になりやすく個別産業への助成があるので、政治家たちは目の色を変えます。

しかし、実は産業政策は、世界では中央政府の仕事になっていません。「産業政策」を英訳しても、「industrial policy」という、ほぼ和製英語にしかなりません。これまでの歴史は、**国がある特定産業の振興をめざすと、結果的にダメになってしまう**ことを物語っています。日本の戦後史をみても、通産省（現・経済産業省）がターゲットにした石油・航空機・宇宙産業などはことごとく失敗しています。逆に、産業政策に従わなかった自動車などは世界との競争の荒波にもまれながら日本の基幹産業に成長しました。国に産業の将来を見極める千里眼を期待するほうが無理なのです。

†デフレの責任は誰がとるのか？

経済的には期待できない成長戦略ではありますが、政治的には政府が行なうので、日銀はデフレの責任をかぶらないで済みます。

しかし**経済的に成長とデフレを考えると、実は成長こそ日銀の責任**だといえます。

「もはや成長は期待できない」と匙《さじ》を投げる論者もいますが、なぜいま諦めなければならないのでしょうか。設備投資がなければ成長は期待できず、デフレで実質金利が高くなれば設備投資も引き起こせません。逆に、プラスのマイルドなインフレで実質金利が下がれば、設備投資が起きてきます。ということは、鍵は名目金利と物価上昇率にあり、どちらも金融政策で対応できるものです。

白川総裁がなぜか他人事のように「将来成長の低下予想」をデフレの要因に挙げる光景に、筆者は愕然としました。まさにそれこそ日銀の仕事ではないでしょうか。

総裁がこうした仕事回避のスタンスなので、デフレ脱却に向けた取り組みも心許ないものです。白川総裁は「日銀は物価のマイナスを許容しない」と明言しました。テレビに先立つ総裁会見でも、福井俊彦前総裁時代に、日銀が物価安定の「理解」として掲げた「コアCPI（消費者物価指数）〇～二％」をあらためて強調しました。だが、これまで一〇年間もマイナス物価を続け、とりわけ二〇〇六年三月以来、その「理解」を無視し続けてきたことを日銀は素直に謝罪すべきです。それこそ「やるやる詐欺」を続けてきたのですから。

白川総裁はまた、デフレからできるだけ早く脱却するために「現在の実質ゼロ金利というきわめて緩和した状態を粘り強く続けて経済全体の需給バランスの改善を図っていく」と説明しました。米欧の他の先進国では、金融政策で量的にも質的にも緩和政策を採ってGDPギャップを解消しているのに、なぜ日銀だけが量的緩和をやらずに「ゼロ金利を粘り強く」なのかまったく理解不可能です。量的緩和をすれば、実質マイナス金利になるので不況対策にはもってこいです。

白川総裁は一二月一日に決めた一〇兆円の新型オペを「広い意味での量的緩和」などといって抽象的な言葉遊びを演じていますが、中央銀行として求められるのは言葉ではなく実行です。はっきりいえば、ゼロ金利を続けても、GDPギャップは当分残るのでデフレから三年くらいは脱却できません。ということは、三年程度は物価のマイナスを許容するということではないでしょうか。

このような言葉のやりとりからでも、日銀の矛盾は簡単に示せますが、実際に行なってきた誘導金利の動きから数字でも示せます。そのために、元米財務次官のジョン・テイラー教授（スタンフォード大学）が、一九九三年に提案した金融政策の「テイラー・ルール」を紹介しましょう。

3 正しいデフレ対策とはなにか？

†金融政策はこう運営されるべきだ

現実の金融政策は、多様な情報を取り入れながら実行されるために、簡単な式で表すことはなかなかできません。

しかしいくつかの経済情報に着目して実際の金融政策がどう反応しているか、近似的に表現することはできます。こうした中央銀行の政策反応関数のことを金融政策ルールと呼びますが、そのなかでも有名なものが**テイラー・ルール**です。

テイラー・ルールは、アメリカの金融政策をよく近似して表現しているので、実際の政策運営の予想などで、学会のみならず広く実務界でも知られています。具体的には、**金融政策の運営上考慮されるべき「景気」と「物価」と「実際の政策誘導金利」との関係**をシンプルに**表現**したものです。数式で表現すれば次の通りです（図5）。

ここでのGDPギャップとは、現実のGDPと完全雇用GDPとの差が何パーセントになっているかです。テイラー教授は、均衡実質金利――これは完全雇用GDP成長率に対応します――を二%、目標インフレ率を二%、景気と物価のウエートαとβは〇・五としました。ようするにインフレ率二%、完全雇用の時に、実質金利が二%になるように、金融政策を運営するというわけです。

もちろん、テイラー・ルールのなかのこれらのパラメーター（変数）はアメリカに固有の数字ですが、それを日本流にアレンジして日本版テイラー・ルールを考えることもできます。

本章では、その金融政策ルールのうえで「日銀の金融政策はこう運営されるべきだ」といった規範的な金融政策を論じてみます。

まず、分析期間は八〇年代からとします。テイラー・ルールのなかのパラメーターは、期間により変化するという考え方もありますが、単純化のために均衡実質金利は一%とします。八〇年代はこれよりやや高く、九〇年代以降は同じか、やや低いかもしれませんが、分析期間を通じてそれほどちがいはないでしょう。

図5　景気・物価・政策誘導金利の関係

金融政策「テイラー・ルール」の公式
政策誘導金利＝均衡実質金利
＋インフレ率
＋α×（インフレ率－目標インフレ率）
＋β×（GDPギャップ）

さらに、目標インフレ率は一％とします。日銀は「目標」というと日銀の金融政策運営の責任問題になるので決していいませんが、目標インフレ率がマイナスでなく一％だったといえば文句をいわないでしょう。そうして景気と物価のウエートはアメリカと同じ〇・五とします。それで八〇年代から現在までのテイラー・ルールに金利と実際の日銀の政策誘導金利を描くと次ページの図のようになります（図6）。

これを見ると、九〇年代後半までは、実際の金利をだいたい追っています。ところが、九〇年代後半からテイラー・ルールによる金利はマイナスに低下して、政策誘導金利をゼロにしても追いつきません。これは経済状況からみれば、**実質金利をマイナスにできる量的緩和を早く行なうべきだった**と解釈されます。

†求められているのは、実際に強力な量的緩和だ

こうした指摘は後知恵のように見えるかもしれません。

しかし一九九八年にはポール・クルーグマン教授（当時マサチューセッツ工科大学教授、現在はプリンストン大学教授）が日本に量的緩和の政策提言をしており、日銀内部でも中原《なかはら》伸之《のぶゆき》審議委員が一九九八年六月一二日の金融政策決定会合でただ一人、その後の金融緩和

図6　テイラー・ルールによる理論値と実際の誘導金利の推移

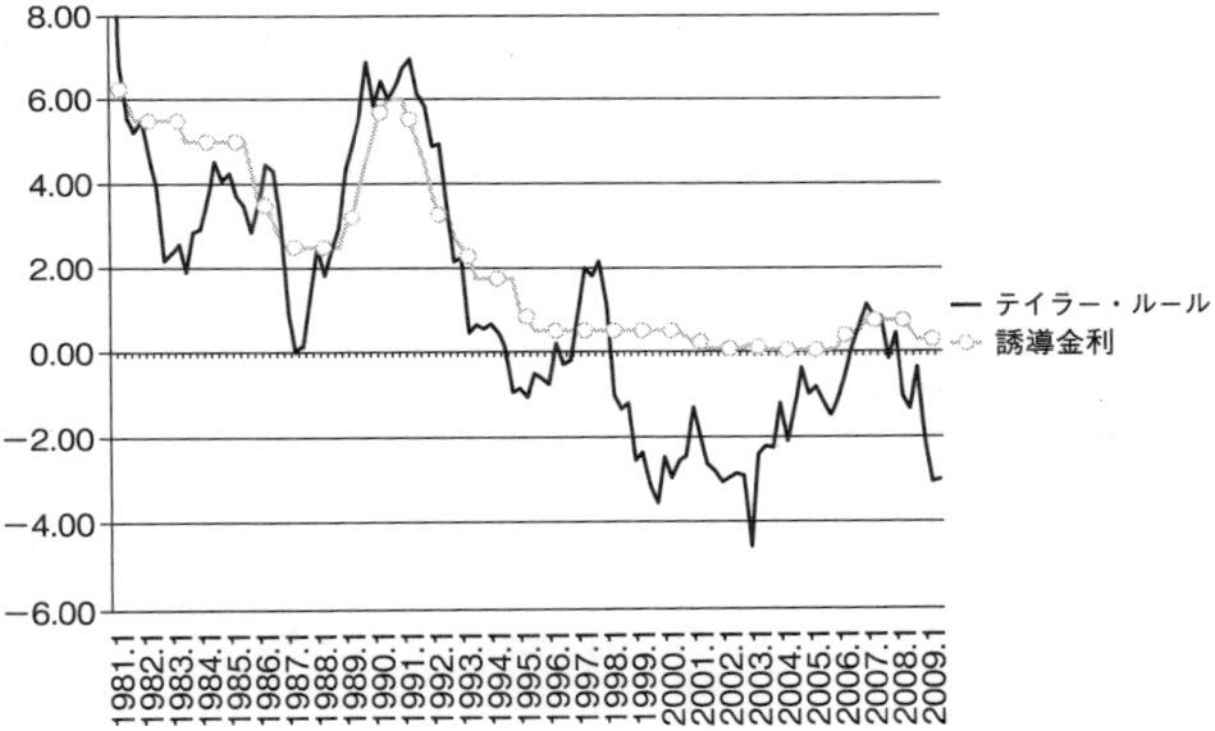

を先取りして金利引き下げを主張しました。実際に同年九月九日に日銀は金利引き下げを行ないましたが、篠塚英子《しのづかえいこ》審議委員は利下げに反対の意向を示し、まったくの経済音痴ぶりを暴露しました。

　中原委員はその後も金融緩和を先取りする提案を行ない続けましたが、ことごとく無視されました。しかし結果として、日銀は中原提案を何周か遅れで実施しており、中原提案が早く実施されていたら、これほどデフレが続いて日本経済を苦しめることもなかったでしょう。特に一九九九年二月一二日の政策決定会合で、中原委員は量的緩和を提案しましたが、これを実際に日銀が実施したのは二年遅れの二〇〇一年三月一九日からです。

中原委員は父、延平《のぶひら》氏のあとを継いで東亜燃料工業の社長となりましたが、大株主のエッソ、モービルに追われたあとは、政界人脈を駆使することが多く、日銀官僚から嫌われていました。「なんでも反対、中原委員」という中傷がマスコミに流されます。しかし、議事録を読むと、中原委員は各議題について時期を踏まえて是々非々を述べており、日銀官僚のお膳立てしたシナリオ通りに「なんでも賛成」という他の委員よりはるかに仕事をしたといえます。

当時、海外における金融政策の研究の対象として、日銀は格好の材料でした。当時FRBの理事だったベン・バーナンキ現議長ら海外研究者のあいだで、「日銀の議事録の透明性は評価できる。日銀幹部は一人を除いてすべてジャンクであることもわかった」といわれていましたが、この一人とは中原委員のことだったといいます。

その同じ時期に、日銀官僚は「クルーグマンは日本の失業率も知らない」というデマをマスコミに流しています。これはクルーグマン教授と身近に接した筆者が、本人の名誉のためにいいますが、まったくのデタラメです。そのデマの張本人が今では立派な日銀幹部です。白川総裁も二〇〇九年八月に中国での講演で嫌みたっぷりにクルーグマン論文を注に引用しましたが、そんなに悔しければ、日銀論文でノーベル経済学賞を取ればいいのです。

今の状況をみると、図6のテイラー・ルールが示唆するものは重要です。**日銀の量的緩和政策は、二〇〇一年三月一九日から二〇〇六年三月九日まで実施され、その後は量的緩和を解除しています。**

テイラー・ルールだと、二〇〇六年後半から二〇〇七年後半まで量的緩和政策ではなく通常の金利政策であっても正当化できますが、それ以外の時期、とくに現在はテイラー・ルールではマイナス三%程度であるので、強力な量的緩和を遂行すべきだと解釈できます。

しかし実際の日銀の政策は、あくまで「ゼロ金利」であって「量的緩和」ではありません。いくら白川総裁がリップサービスで「広い意味での量的緩和」といっても、現実には量的緩和でないのは明らかです。求められているのは「広い意味」ではなく「実際に強力な」量的緩和なのです。

†自殺と景気は密接な関係がある

「いのちを、守りたい」。

二〇一〇年一月二九日、鳩山元首相は施政方針演説で「いのち」という言葉を二四回も

図7　失業率と自殺率の推移（1965―2008）

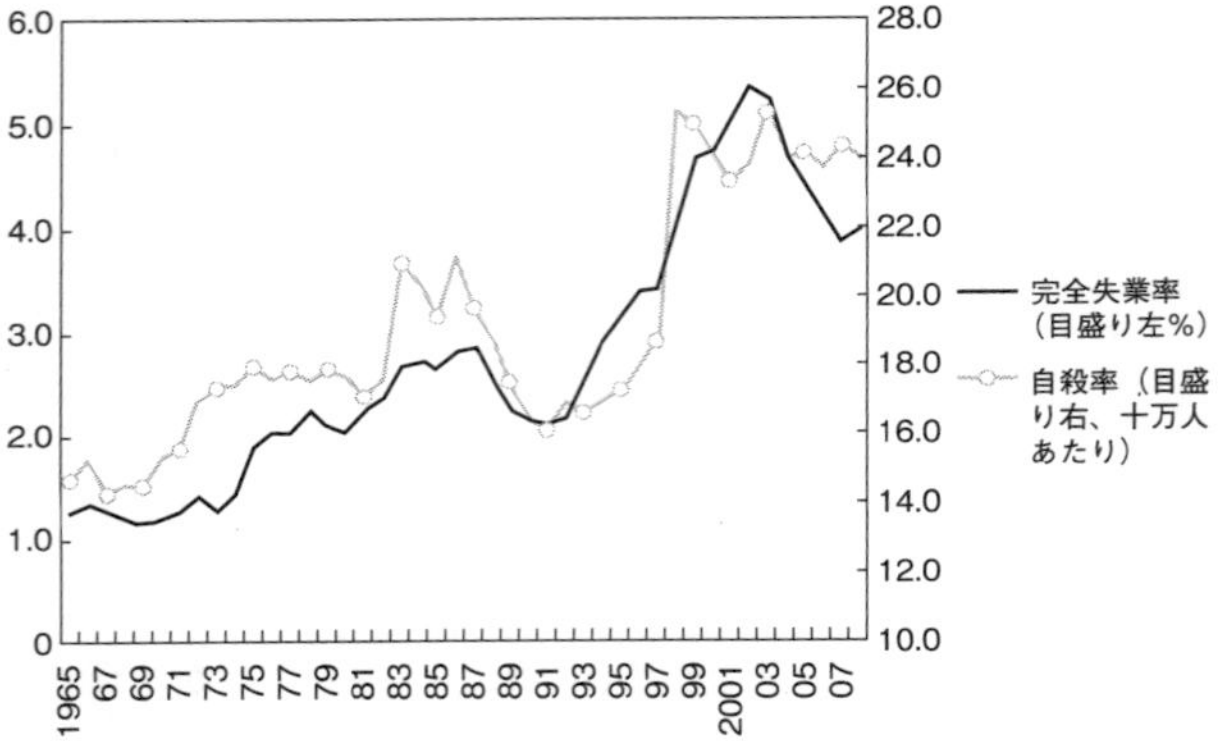

強調しました。国会中は官僚答弁の棒読みになってしまいますが、施政方針演説は冒頭で行なわれ、首相の個性を一番だせる機会です。官邸ホームページにある演説原稿には、見出しも含め「いのち」という言葉が三一カ所もあります。この演説は、劇作家平田オリザ氏が書いたものに鳩山元首相が手を入れたようです。「いのち」をキーワードにしていることから、官僚が書いたものでないことはすぐわかります。

　ただ、皮肉にも、演説の前の二六日、警察庁は、二〇〇九年の自殺者（暫定値）が三万二七五三人（二〇〇八年比で五〇四人増）と一二年連続で三万人を超えたと発表しました。そのため、施政方針演説ではさすがに「いのち」を守る社会の基盤として、自殺対策を強化するとともに……」と一言だけ言及されています。

しかし、本気で「いのち」を救おうとするなら、三五兆円ともいわれるGDPギャップを放置してはいけません。実は、自殺は景気と密接な関係があるためです（図7）。景気が悪くなると自殺者が増えるのです。**適切な財政・金融政策でGDPギャップを埋めれば、自殺者を五〇〇〇人も救えます。また、失業者は一〇〇万人も救えます。**しかし、政府・日銀はGDPギャップを放置しています。これでは「いのち」を守ることはできません。

†テイラー・ルールへの批判に反論する

先ほどテイラー・ルールを使って、日銀の無策ぶりを論じましたが、それへの批判もあるようなので反論を述べましょう。

第一の批判は、「テイラー・ルールはアメリカ産なので日本に適用できない」というナイーブなものです。しかし、テイラー・ルールは、今と比べて比較的うまく経済が運営されていた、一九九〇年代後半までの日本にもあてはまっていたのです。さらに、現在の経済学は、「動学的確率的一般均衡」（Dynamic Stochastic General Equilibrium）というモデルを使っていますが、一定の条件の下、最適金融政策として、テイラー・ルールと同種のものが導かれています。つまり、テイラー・ルールはアメリカ産ではありますが、もう少し普遍的なものなのです。

第二の批判は、「テイラー・ルールによっても日銀はそれなりに頑張っている」というものです。その根拠には日銀企画局が公表したレポートがあるため、これはちょっと手が込んだ批判です。金融政策は「日銀政策決定会合」で決まりますが、その事務局は企画局です。実際の決定会合の議事録を読むとわかりますが、かなり企画局も議論に加わって、その方向性を左右しています。

具体的に見てみましょう。日銀の企画局が発行したテイラー・ルールに関するペーパーがあります（日銀レビュー「金融政策ルールと中央銀行の政策運営」二〇〇五年八月）。そこに、「オリジナルのテイラー・ルールが示す日本の政策金利の例」（図9）と「推定されたテイラー・ルールが示す日本の政策金利の例」（図10）があり、そのなかに「現実のコールレート」と「テイラー・ルールから算出される政策金利」が描かれています。

ところが、「テイラー・ルールから算出される政策金利」は二〇〇五年まで実線で示されていますが、「現実のコールレート」の破線は二〇〇一年までで切れているのです。好意的に解釈すれば、二〇〇一年三月から量的緩和政策に入ったので、「現実のコールレー

図8　本書　テイラー・ルールによる理論値と政策金利

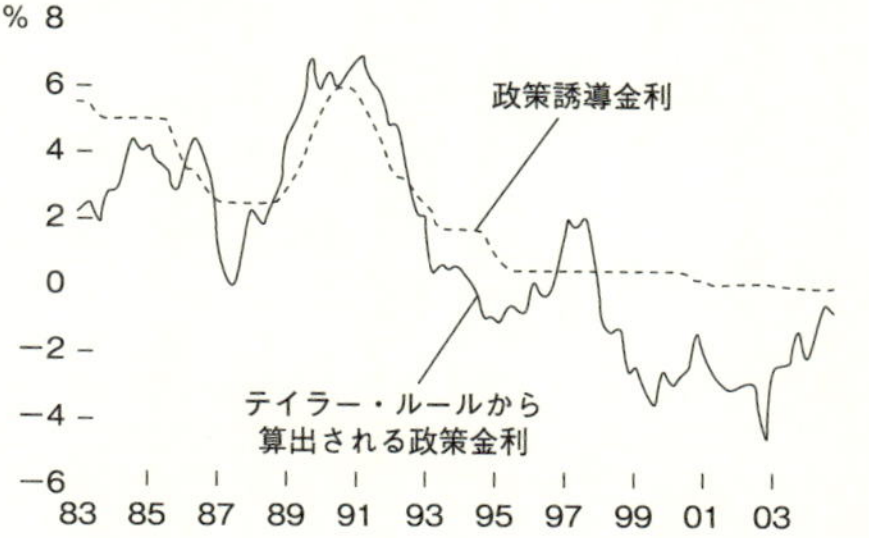

図9　日銀　オリジナルのテイラー・ルールが示す政策金利

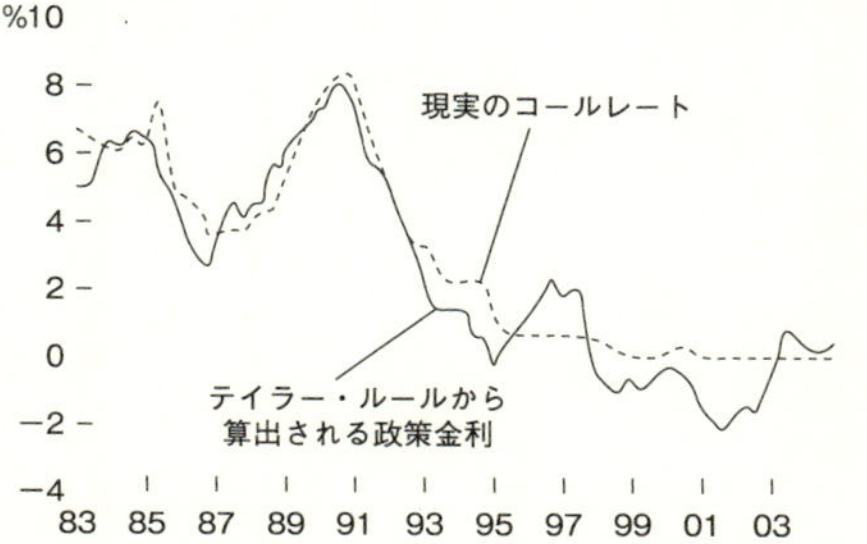

図10　日銀　推定されたテイラー・ルールが示す政策金利

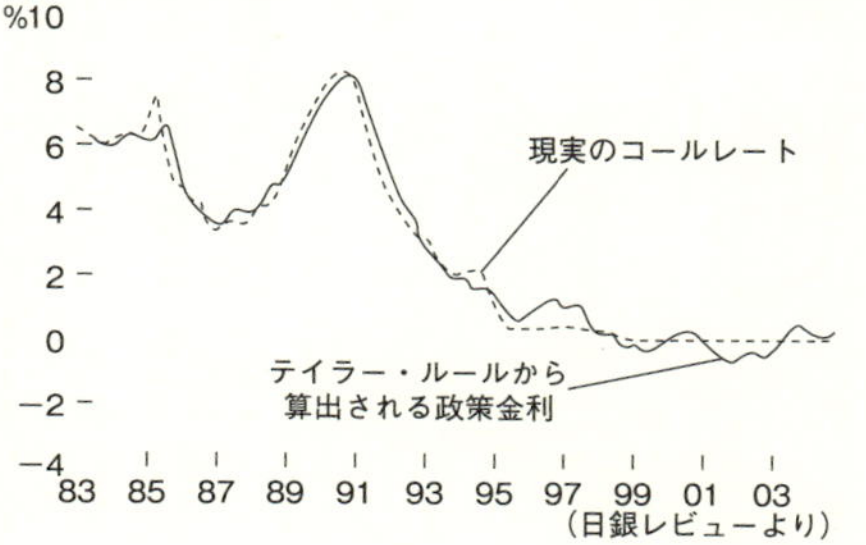

（日銀レビューより）

ト」には意味がないということなのでしょう。

しかし、それを考慮してもまだ違和感があります。「オリジナルのテイラー・ルール」（図9）は、本書オリジナルルール（図8）とよく似ているのですが、「現実のコールレート」と「テイラー・ルールから算出される政策金利」の差が本書オリジナルよりも明らかに小さいのです。両者のちがいを見るために、本書を「オリジナルテイラー・ルール」、日銀レポートを「日銀流オリジナルテイラー・ルール」といいましょう。

†二つのオリジナルテイラー・ルールのちがい

この二つの「オリジナル」には二点のちがいがあります。以下の文を読んでもらえるとわかりますが、「日銀流オリジナルテイラー・ルール」は、本来のモノにかなり「お化粧」を施しているのに、レポート文中ではオリジナルと称しているのです。

第一点は、GDPギャップの計算方法のちがいです。

GDPギャップを算出するためには潜在GDPが必要ですが、その計算方法がちがいます。本書の「オリジナルテイラー・ルール」は内閣府のデータです。これは、OECDなどの国際機関と同じ方法で資本・労働などからなる**生産関数**を推計し、失業がない状態という観点から潜在GDPを計算しています（これを「生産関数アプローチ」といいます）。

一方「日銀流オリジナルテイラー・ルール」は、**HPフィルター**（Hodrick-Prescott filter）という手法で潜在GDPを計算しています（これを「フィルター・アプローチ」といいます）。

どちらがいいかという学問上の議論はいろいろあります。HPフィルターは、「一定の期間でみれば、現実のGDPは平均して潜在GDPになっている」という前提があって簡単に計算できるので、学術論文で多く用いられていますが、現実的に妥当かどうかという問題があります。また、HPフィルターによる潜在GDPは、内閣府やOECDなどにくらべて、GDPギャップは小さくなる傾向があります。このため、HPフィルターでみると、GDPギャップがないのに、なぜ失業が多いのか、なぜデフレになるのか、という素朴な疑問もでてきます。

第二点は、**均衡実質金利**（完全雇用GDP成長率に対応する金利）についてです。

本書の「オリジナルテイラー・ルール」は固定、「日銀流オリジナルテイラー・ルール」は可変的にしています。これは大きな「お化粧」です。可変的な均衡実質金利を入れて「日銀流オリジナルテイラー・ルール」による金融政策をするということは、中央銀行が

「全知全能の神」のようになり、完璧に経済運営できるということと同じです。こうなると、実際に日銀が誘導している金利はほとんど均衡実質金利と変わらないと宣言しているようなものです。ようするに、**日銀が「神」になって金利を動かしているので、その結果の金利は経済状態からみて適正と宣言している**ようなものです。

以上、二点のちがいによって、「日銀流オリジナルテイラー・ルール」と現実金利の乖離は、本書の「オリジナルテイラー・ルール」より小さくなっています。それでも、一九九〇年代後半以降はまだ乖離があるので笑えます。

†応用形テイラー・ルールという粉飾

そのうえで、日銀レポートでは、さらに厚化粧し「オリジナルテイラー・ルール」とは似ても似つかない「応用形テイラー・ルール」を用意します。

日銀レポートの「推定されたテイラー・ルールが示す日本の政策金利の例」(図10)では、実際の金利は「応用形テイラー・ルール」とほとんど一致します。この図表だけをみれば、日銀はテイラー・ルールどおりに政策運営してきたと、早合点する人は多いでしょう。

しかし、「応用形テイラー・ルール」は、「日銀流オリジナルテイラー・ルール」に、金利スムージングへと変わるインフレ目標をくわえています。実は、可変的な均衡実質金利を導入した「日銀流オリジナルテイラー・ルール」では、もうルールとはいえないのです。ルールというのは、誰もわかるのがルールなので、外部からみてもわからないのではルールといえません。あえてルールというのなら、その場その場でルールが変更になるというルールです。

そのうえに、金利スムージングという前記の金利を正しいと肯定的に考えることや、変わるインフレ目標を入れたら、いかようにも「ルール」自体が変わるのだから、現実の金利をほぼ一〇〇％説明できるに決まっているのです。

なぜそこまでして日銀の行動を正当化したいのか、外部者には窺い知れませんが、日銀企画局エリートにとっては組織防衛のために当然なのでしょう。きっと本書の「オリジナルテイラー・ルール」も出しているはずですが、それを出さないのはあまりにせこい話です。「日銀流オリジナルルール」で「第一次粉飾」し、さらに「応用形テイラー・ルール」で「第二次粉飾」するなど、芸が凝っているのには驚かされます。

ここまで徹底した組織防衛ですが、日銀の歴史をふりかえると、さもありなんと思えてきます。

†日銀の歴史をふりかえる

今の日銀法は一九九八年四月から施行されましたが、それ以前は旧日銀法でした。旧日銀法は第一条「日本銀行ハ国家経済総力ノ適切ナル発揮ヲ図ル為……」とあり、第二次大戦時の国家総動員体制のなか一九四二年に公布・施行されました。したがって、一**九九八年まで、日銀の独立性はまったくありませんでした。それが、たちどころに史上最強の独立性を手にしてしまったのです。**

中央銀行の独立性とは、目標の独立性ではなく手段の独立性というのが、当時からの世界の常識です。つまり、中央銀行の目標は、政府または政府と中央銀行が共同して設定するが、そのあとその目標をどのような手段で達成するかは中央銀行に委ねられるのです。

ところが、いまの日銀法では、目標の独立性まで日銀に与えています。これが史上最強の独立性という意味です。新日銀法とほぼ同時期に制定されたイングランド銀行法第一二条では、目標は政府が設定すると明記してあり、新日銀法の異様さが際だっています。

なぜ日銀法で目標の独立性まで与えられたのでしょうか。
まずいえるのは、**新日銀法制定の際、独立性の意味はほとんど議論されていないこと**です。

新日銀法については、一九九六年七月官邸に中央銀行研究会（座長鳥居《とりい》泰彦《やすひこ》慶應義塾大学塾長）が設けられて議論がはじまり、同年一一月同研究会は当時の橋本龍太郎《はしもとりゅうたろう》首相に答申を提出しました。それを受けて、同年一一月大蔵省の金融制度調査会日銀法改正小委員会がさらに実務的な議論を行ない、翌一九九七年二月同調査会は答申を出しました。その後、一九九七年三月政府が国会に新日銀法案を提出し、同年六月成立しました。この長い間、ただ漠然と独立性が必要だという浅い議論だけだったのです。

その根本的な原因は立案関係者に中央銀行論の専門家がいなかったことですが、新日銀法の議論のきっかけも不幸でした。というのは、一九九六年三月頃、急に与党三党（自民党、社民党、新党さきがけ）の「大蔵省改革問題プロジェクトチーム」で、日銀法の議論が盛り上がったのです。同チームの名称からみてもわかりますが、一九九五年春以降、大蔵省幹部の接待事件、大和銀行ニューヨーク支店の巨額損失事件、住専問題など、大蔵省の不祥事・不手際が相次ぎ、大蔵省に対する批判が噴出したため、一九九六年二月に与党三党が発足させたものです。

ところが、金融行政・政策の見直しはなかなか定まらず、紆余曲折を経ていました。見直し方向は、財政政策と金融行政の両方を一つの役所で担当するとあまりに権限が強大になってよくないとされ、大蔵省のうち金融行政部分（俗にいう「大蔵省の四階」）を大蔵省から切り離すのがいいとされていました。これは、マスコミなどで財政と金融行政の分離ということで**財金分離**《ざいきんぶんり》といわれました。

だが、**「財政と金融の分離」という場合の金融は、金融行政ではなく、金融政策というのが学者などの知識階層では一般的**です。そのため、「財金分離」という言葉を逆手にとって、大蔵省解体を回避して組織維持を図るために、新日銀法の話は議論のすり替えとして出された公算が高いのです。しかしながら、大蔵省不祥事問題は延々と続き、「財金分離」についても財政と金融政策の分離の新日銀法の制定だけにはとどまらず、財政と金融行政の分離という金融監督庁の設置にまでいたりました。

こうした経緯があるので、新日銀法の制定の議論では、日銀の独立性は所与のものとして議論の対象ではありませんでした。議論のスタートで「財金分離」といっている以上、財政と金融政策を分離するというのは日銀の独立性と表裏一体だからです。たとえ、「中央銀行の独立性には、目標の独立性と手段の独立性があって、目標の独立性がないという精緻な議論が世界の流れだ」と関係者がわかっていたとしても、マスコミの格好の攻撃に会うのは確実だから、とても議論できなかったでしょう。

†史上最高レベルの独立性のゆくえ

このように、新日銀法第四条は「日本銀行は、……常に政府と連絡を密にし、十分な意思疎通を図らなければならない」と規定し、日銀が目標を設定することを前提とした法文になっています。政府には連絡すればいいので、これにより日銀の独立性は民主主義国ではありえないほどの史上最高レベルにまでなりました。

勝利した日銀内の高揚感は、一〇年後に公開された日銀政策決定会合の議事録でわかります。それまで、事実上大蔵省からの指示で金利決定されていたのが、日銀政策決定会合で名実ともに決めるのだから当然です。

ただし、議論のレベルは正直いって低いものでした。「金利が低いのは困る」とだけ主張していた審議委員もいたほどです。スーパーな独立性を与えられた日銀ですが、明確な政策目標を設定せずに、漫然と景気状況を述べるだけになってしまっています。これでは、具体的な経営目標を掲げずに会社を良くしたいというだけの会社の経営会議と同じで、時間ばかり食うが実りはありません。

その典型は、一九九九年九月二一日です。その日は金融政策と為替政策について議論していますが、日銀は物価を安定させることが目標だと明確にしていませんでした。そのため、為替のために金融政策を使うべきでないものの世論が心配だとか、世論に屈するのは問題だとか、混乱した議論になっています。だがなんといっても、金融政策によって物価は変わります。物価の安定が目標であれば、「為替は他国通貨との交換レートであるため、当然金融政策の影響を受けるが目標ではない」と明確にいい切れます。こういういい方は世界の標準です。

しかし、為替の所管が財務省であるため、為替の話には過敏になります。たとえば、デフレ時でも長期国債の買いオペはダメという「日銀DNA」丸出しの意見を日銀政策委員が平気で述べています。ある報道で日銀は一〇年前も同じように悩んでいたといいますが、一〇年たった今でも相変わらず明確な物価目標を対外的に明かさず鼎談《ていだん》しているだけです。

これを打開するには、日銀法を改正し、政府が日銀に対して物価目標を設定できるようにすることです。そのうえで、政府は目標を与えたらなにもいわずに日銀の手段の独立性を確保すべきです。そうでないと、平気で裏「デフレターゲット」を行なう日銀に、国民は苦しめられるだけなのです。

†右手のやったことを左手が打ち消す

最近のデフレ対策を考えるために、二〇〇三年の**為替介入**（通貨当局が外国為替の売買を行なうこと）をふりかえっておきましょう。

その当時、年間二〇兆円を超える円を売ってドルを買う「ドル買い・円売り」介入が行なわれ、景気の腰を折る円高に対応しています。直感的にいえば、このとき市中に出される円によって、結果として金融緩和になるはずです。ところが、日銀はそれを十分に行ないませんでした。デフレ克服は政府の最重要課題であるにもかかわらず、まるで「**右手（政府）のやったことを左手（日銀）が打ち消している**」ように、為替介入による金融緩和効果が打ち消されていました。

この話にはちょっと裏話があります。当時私はアメリカのプリンストン大学から帰ったばかりで、国土交通省に出向していました。そこで、業務に関係なく、プリンストン大学で勉強してきた「金融政策によるデフレからの脱却方法」の話を経済雑誌に書きました。

あるとき、財務省副大臣から電話がありました。それで、財務省副大臣のところに行くと、ちょっと話を聞かせてくれというので、「財務省が為替に介入すると、円安というメッセージになります。それと共に日銀が**為券**《ためけん》（政府短期証券［FB＝Financing Bills］／外貨を購入するために必要な円を獲得するために発行される証券）を吸収するはずなので、結果として量的緩和になって日本経済にいいでしょう」という話もしました。これがきっかけかどうか知りませんが、その後、大規模為替介入が行なわれました。

このような政府のドル買い介入と金融緩和効果に関する議論は、これまでにもありました。最近では、一九九九年夏以降に急速に進んだ円高を背景として、政府が行なう為替介入を日銀が**不胎化**《ふたいか》することの是非について論争が行なわれました。浜田《はまだ》宏一《こういち》氏（イェール大学）と翁邦雄《おきなくにお》氏（日本銀行）の論争が代表例です。

この「不胎化」というのは奇妙な専門用語ですが、経済学の教科書では次のように説明されています。**円高の是正のために、当局は外貨購入の対価として円を供給しますが、「その円を放置して貨幣供給の拡大を容認するのが『非不胎化介入』であり、「それを放置せずに売りオペで相殺するのが『不胎化介入』」**です。

この説明は、かつては正しかったのですが、今では誤解を招きかねません。

「外貨購入の対価として供給する」といいますが、現在の制度のもとでは必ずしも「円は供給されない」からです。為替介入は、通貨の売買なので、資金（ドルや円）が必要で財務大臣が管理する政府の「外国為替資金特別会計（外為特会）」の資金が使われています。ドル買い介入の場合、政府が、為券を発行して調達した円資金を対価にドルを買い入れています。一九九九年三月までは、FBのほぼ全額を日銀が引き受けていたので、FB発行（介入資金の調達はFB以外にも国庫内の繰替使用もありますが、ここでは無視します）後に介入すると、**ハイパワードマネー**（日銀券と当座預金を合わせた中央銀行預け金の合計）が増加し、まさしく「円が供給される」こととなりました。

ところが、一年の猶予期間を経た二〇〇〇年四月から、FBは完全入札により市中消化されるようになりました。このため、FB発行後に介入してもハイパワードマネーは増加せず、日銀が新たに買いオペをするまで、「円は供給されない」ことになります。ようするに、**以前は日銀が放置して売りオペをしない限り「介入は非不胎化」（金融緩和効果あり）でしたが、いまでは日銀が放置して買いオペをしないかぎり「介入は不胎化」（金融緩和効果なし）**となるのです。

†日銀はなぜデフレ克服に非協力的なのか？

いずれにしても、こうした事実認識をもって、一九九九年当時の日銀の言い分を検証しておくことは、今後の議論のために役立ちます。

当時の日銀は、

①介入資金は、現実の資金需給のなかでは「大海の一滴」にすぎない
②ゼロ金利政策の下では、準備預金と短期国債はほぼ完全に代替的になる。そのため、介入を不胎化するか否かの区別は無意味になる
③期待への影響を考えても、ほかに巨額の資金移動がある一方で介入額は開示できない。そのため非不胎化のアナウンスには問題が多い

と主張していました（『週刊東洋経済』二〇〇〇年一月一五日号）。

しかし、日銀の議論は、

①二〇兆円を超える介入を「大海の一滴」とはいえない
②介入を不胎化するか否かの区別は無意味になるというのは、量的緩和政策を否定したゼロ金利政策の下でのみ主張できることである。そのため、二〇〇〇年八月のゼロ金

利解除を経て二〇〇一年三月からゼロ金利政策に代えて量的緩和政策に移行した現在ではまったく理由にならない

③FB（ほとんどは為券）が完全入札されている

ことなどから実質的な介入額は推計可能であり、アナウンス効果も高いことから、妥当でありません。こうした論理破綻にもかかわらず、二〇〇三年当時の日銀は買いオペを積極的には行なわず、非不胎化は不十分です。

日銀が開示しなかった為替介入額は、大雑把にいえばFB残高の増加として考えることができます。ちなみに、市場関係者も四半期ごとに発表される残高に、月々の介入額と繰替使用を加味した額を推測しているようです。

一方、金融政策のスタンスは、ハイパワードマネーの増加です。これが大きいほど金融緩和と考えることができます。ただし、その増加額には、以前から約束されていた長期国債の買いオペによる貢献分が含まれており（長期国債の買いオペ枠月額一・二兆円は福井総裁就任以来すえ置かれています）、為替介入との関係では除いておくほうがいいものです。

つまり、為替介入に対して日銀のスタンスが不胎化か非不胎化であるかは、一定期間におけるFB残高の増加に対して、同じ期間におけるハイパワードマネーの増加から日銀保有長期国債残高の増加（介入以前に約束されていた部分）を差し引いたものの割合（＝非不胎化度）が低いか高いかで判断できるでしょう。

†いかにして金融緩和効果を生み出すか

福井総裁が就任する直前の二〇〇三年二月末から二〇〇三年一二月末までで、ＦＢの残高は約一九・二兆円増加しています。一方、同期間で、ハイパワードマネーは一六・八兆円（そのうち当座預金は九・八兆円）増加しています。また長期国債は六兆円増加していいます。ここで、非不胎化度を計算すれば、（一六・八－六・〇）÷一九・二＝五六％しかありません。二〇〇四年一月末までとすれば、非不胎化度は五〇％を割り込みます。

為替介入を非不胎化し、金融緩和効果を発揮させるためには、政策変数である当座預金目標を九兆円程度引き上げ、非不胎化度を一〇〇％にすればいいのです。そのための手段はなんでもかまいません。

たとえば、日銀保有ＦＢ残高は、同期間で五・六兆円しか増加していません。つまり、一九・二兆円の増加のうち五・六兆円しか買いオペしていないわけで、市中にまだ一三・六兆円も残っています。このうち九兆円程度を買い上げればいいわけです。別に日銀の買いオペ対象はFBに限らず、長期国債でもかまいません。市場規模から考えて、FBよりも長期国債のほうがオペレーションは容易かもしれません。

日銀は、福井総裁が就任して以来、当座預金目標を幾度も引き上げ、その累計は一五兆円増になっています。しかし、昨年一二月までの実績は九・八兆円増に留まっています。目標に達しない理由の一つは、長期国債の買いオペ額にあるようです。というのは、同期間に長期国債は一・二兆円×一〇＝一二兆円増加していなければなりません。ところが、その実績は六兆円にすぎません。目標を六兆円も下回ったために、当座預金目標も五兆円強ほど下回ったと思われます。

それでは、長期国債の買いオペ額が目標に達していない理由はなんでしょうか。

それは**日銀の長期国債保有残高を日銀券発行残高以内にするという現行**ルール（といっても法的な根拠があるわけでなく、単なる日銀の内規）**による制約のため**でしょう。実際、最近の長期国債保有残高は日銀券発行残高の九〇％以上になっており、これが長期国債の買いオペを躊躇させているようです。福井総裁は、長期国債の買い入れについて「増やさないことで国債の信認を確保するために役立っていると思う。この考え方は今後とも崩したくない」と述べています。

このことからわかるように、国債の信認を確保したいという願望があるので現行ルールを採用しているのでしょう。しかし、デフレを脱却しなければ、国債の信認のための条件の一つであるドーマー条件（名目GDP成長率が名目国債金利を上回ること）すら満たせません。デフレ脱却を阻害する現行ルールに合理性はないと考えるべきです。日銀は、合理性のないルールで自らを縛り、デフレ脱却に逆行しているわけなのです。

†デフレ克服という最優先課題

二〇〇一年の小泉政権発足以来、デフレの克服は最優先課題の一つでした。消費者物価こそ、二〇〇三年には回復してきており、対前年比上昇率〇％まであと一歩のところまできています。

ところが、GDPデフレータでみると、依然として年率二％程度のマイナスになっています。GDPデフレータは、国内で生産された財やサービスの価格の平均です。これは、一九九四年の終わりから前年比で下落しはじめ、一九九七年の消費税の効果を除去すれば、政府のデフレ克服対策にもかかわらず、現在に至るまで下落がつづいているのです。

小泉構造改革での最初の見通しでは、「今後二年程度の集中調整期間は、中期的に民間需要主導の成長を実現するための重要な準備期間である。この期間において最も重要なことはデフレを克服することである。そのため政府・日本銀行は一体となって強力かつ総合的な取組みを行う」（二〇〇二年一月二五日「構造改革と経済財政の中期展望」）と高らかに謳っておりました。

このとおりであればすでにデフレは克服されていたはずですが、現実にはそうならず、現時点（二〇一〇年四月）の見通しでも、「集中調整期間終了までの今後一年程度の間、デフレの克服と民間需要主導の持続的な経済成長の実現に向け、構造改革の加速・拡大などの政策努力を行う」（二〇〇四年一月一九日「構造改革と経済財政の中期展望――二〇〇三年度改定」）となっています。ようするに、デフレ克服は小泉構造改革のなかでも「落第生」なのです。

†一体となったデフレ克服のために

政府が為替市場で円売り介入を行なうのは、為替相場の安定化のためです。だが、これにより日銀が非不胎化すれば、結果として金融緩和になり、デフレ対策にもなります。このため、ラース・スベンソン教授（米プリンストン大学）のような欧米の有力経済学者のなかには、デフレ脱却の有効策として為替介入政策を主張する者もいます。

ところが、日銀は、当座預金目標を小出しに引き上げるだけで、長期国債の買入額については まったく引き上げませんでした。結果として、政府の為替介入による金融緩和効果を大きく減殺してしまっています。実際、日銀のFB保有額はFB残高増ほどには増えていません。為替市場関係者は、日銀を「非不胎化で金融緩和スタンスである」と見ているようですが、現実の統計数字では非不胎化は不十分でリフレ政策に消極的なことを示しています。さらに、この日銀のスタンスが、円安へ転換させようとする政府による為替介入の効果も弱めています。

二〇〇四年二月当時、福井総裁は、「通貨が強くなることは本質的に良いこと」とか、長期国債の買入額を引き上げていないことについて「今後とも崩したくない」といっています。しかし、**政府・日銀が一体となってデフレ克服に取り組むためには、「日銀の長期国債保有残高を日銀券発行残高以内にする」という現行ルールの撤廃を含めて、日銀の金融政策について政府・日銀間でさらに議論すべき**でしょう。

なお、円売り介入は効果が少ないとか、外為特会においてドル建て資産は膨れ上がりドル安にともなう為替差損リスクが問題であるとか、枝葉末節の指摘もあります。効果を弱めているのは、日銀の金融政策のスタンスであり、日銀がリフレ政策に積極的であれば、為替を円安に逆転することは可能です。さらに、現実に日米金利差があるため、外為特会の収益のうち為替差損だけを見るのは不適当です。

二〇一〇年三月一八日、テイラー教授が来日しました。ここで述べた二〇〇三年からの日本における大規模為替介入のアメリカ側の担当者は、当時財務次官（国際担当）であったテイラー教授です。一部の人から、二〇〇三年の大規模為替介入で日本は救われたという意見もあったので、テイラー教授は日銀に量的緩和を迫るのではないかと、過剰な期待を抱いた人もいました。

しかし、私の見立ては少しちがいました。三月一八日の討議には私もパネラーとして参加していましたが、その前にもテイラー教授とじっくり話したことがあります。私は、「為替介入は自由な市場からみればまずいし、**国際金融トリレンマ**（固定為替相場、金融政策の自由度、自由な資本移動の全部を達成することはできないこと）から考えると、今の国際経済では自由な資本移動を欠かせられないので、為替介入は金融政策を縛ることになってまずい」といいました。そのうえで、二〇〇三年介入は、上に述べたように、量的緩和への後押しは五〇％（非不胎化率は五〇％）しかなかった、日銀が量的緩和をしてくれれば

図11　金融緩和と為替介入（2003.2〜2003.12）

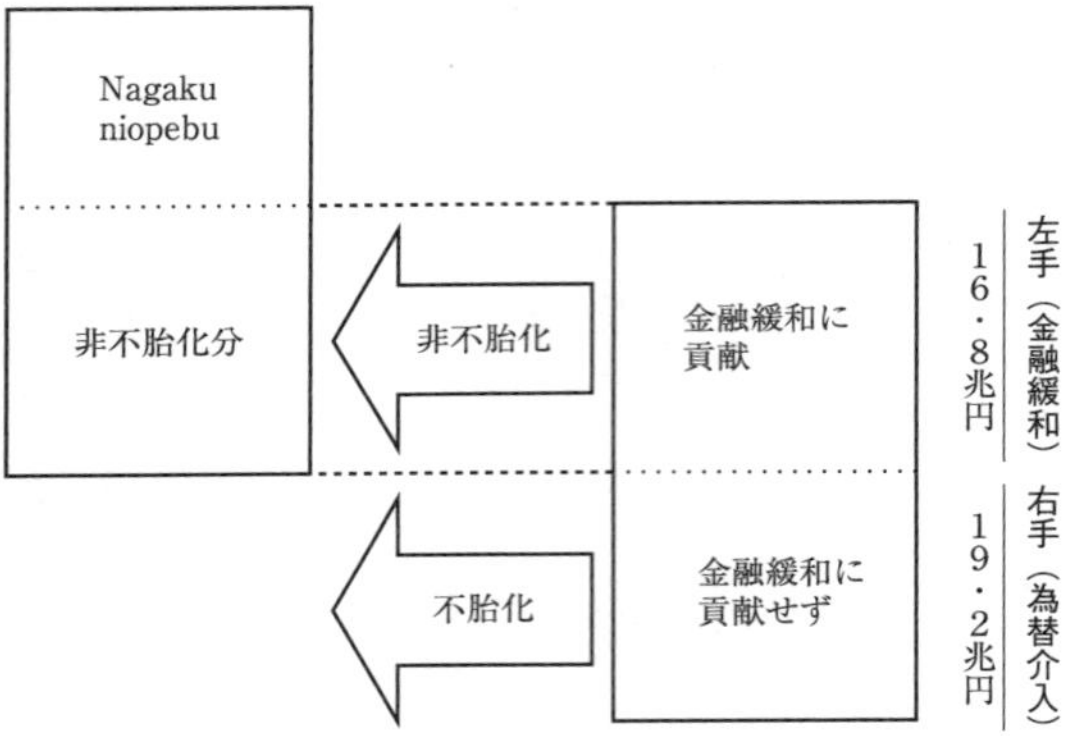

もっと良かったのではないか、と聞いたことがあります。

テイラー教授は、まったく君のいうとおりだよ、といいました。おそらく為替介入で円安になるのは日本経済のためになるけど、必ずしもアメリカのためになるというわけではない、と。私はテイラー教授の胸中を察するに、あまりこの話は深入りしないほうがいいと思いました。彼はとても頭がよく柔軟な思考ができるので、当時の日本の状況をよく理解してくれたからこそ、大規模介入に応じてくれたのです。その経緯は彼の本にも書いてありますが、本心はどうだったのかと、今でも思っています。

第2章

危機はいかに克服されるか?

――危機克服の経済学

1 これまで、どのようなデフレがあったか?

†デフレは良いことなのか、悪いことなのか

デフレは良いことなのか、悪いことなのか。

この疑問は、まず良いことと悪いことをはっきり定義しないと解決しません。

デフレとは、一般物価水準の継続的下落というのが標準的な定義です。普通の感覚でいえば、世の中の物価の大半がおしなべて下落する状況です。そのため、たとえば給料が変わらないとすれば、物価が下がることはむしろ歓迎すべきことです。

こういう状態はありえるのかといえば、一部の人ではたしかにありえます。

その典型例は、年金生活者です。今の年金制度には、物価スライドが組み込まれており、物価水準によって年金支給額は上下にスライドするはずです。ところが、デフレになると支給額は本来下方に修正されるべきであるにもかかわらず、政治的配慮のためにそうなり

ません。そのため、モノの値段が下がっても、年金受給者の年金支給額が下がらないので、むしろ購買力は大きくなるのです。もちろん、デフレでは年金保険料収入も少なくなるので、こんな政治的配慮を長期間も続けると確実に年金財政は破綻しますが、現実には行なわれています。そこで、その間は年金受給者にとってデフレは良いものとなります。

一般の給料をもらう労働者でも、デフレの影響を受ける人とそうでない人の差が出ることも多いのです。デフレでモノの値段が下がると、多少販売数量が伸びても単価の低下がそれを上回るため売り上げも減っていきます。こうなると、給料もそれまでのように毎年ベアアップできなくなります。

そして、そのしわ寄せは、非正規職員にきます。企業がアルバイトを雇わなくなったり、時間単価を引き下げたりするためです。あるいは採用を控えたりで、非正規職員にもなれない新卒者は、もろに打撃を受けるのです。この新卒者は、本来であれば採用されてもらえたはずの給料がゼロになるわけだから、逸失利益は大きいでしょう。一方で、正規職員にはまだまだ影響がありません。このように、デフレは、非正規職員や新卒者のほうに悪影響がでやすいのです。

こうしてみると、デフレで名目の所得が減るといろいろなところに悪影響が出やすいと

図12　各国の名目GDP水準の推移（1875＝100）

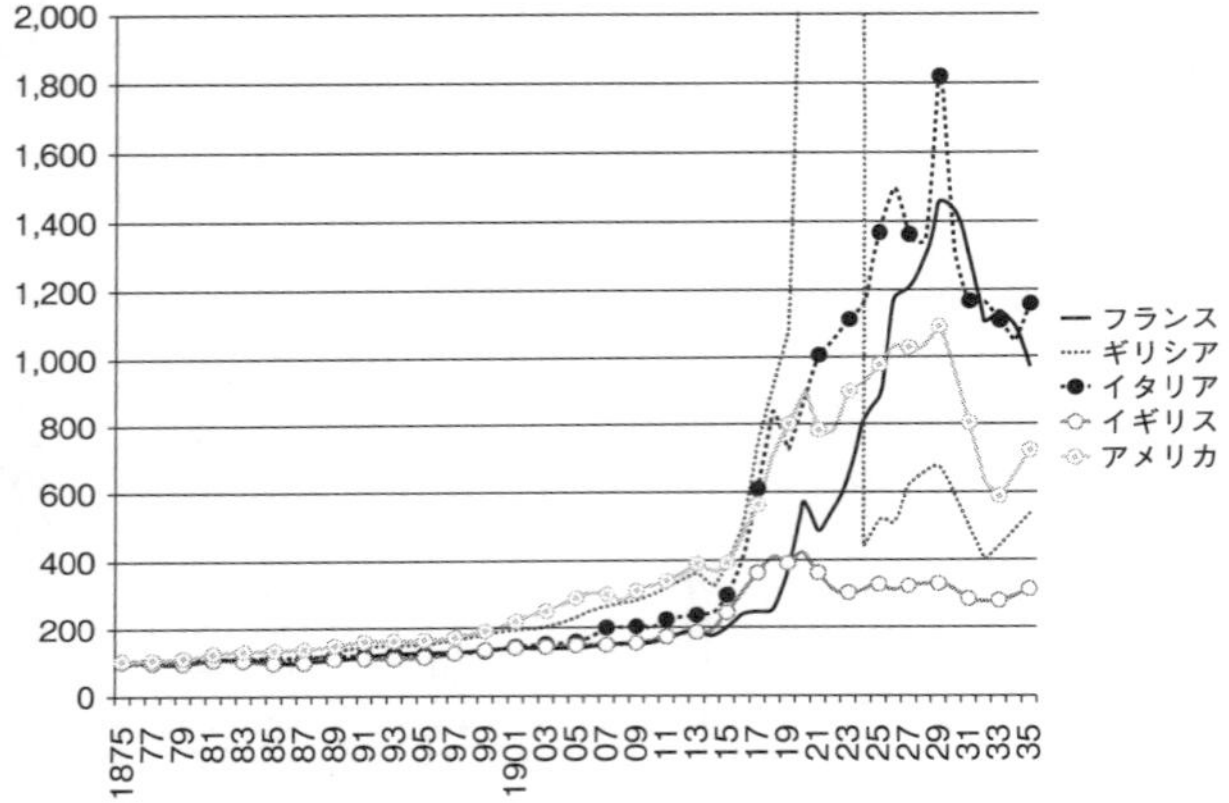

いうのがわかります。人間は目に見える名目値に左右されるので、それが減るというのはかなりショックです。そのため**デフレが良いか悪いかは、名目所得または名目ＧＤＰが増加しているか減少しているかどうかを一つの判断材料にできます。**

実は、今のような国際社会のなかであれば、単純に名目所得が増加しているだけでは十分でなく、世界の先進国の平均と比較すべきでしょう。そこで、**国際社会の平均以上であれば「良いデフレ」、平均以下であれば「悪いデフレ」**ということとします。

ちなみに、最近一〇年間（一九九九―二〇〇八）におけるＯＥＣＤ各国の平均名目ＧＤＰ成長率は五・六％ですが、この間日本だけがデフレであり、名目GDP成長率はゼロで最下位です。これは、悪いデフレということになります。

ただし、本章では、比較的多くの国で起きた歴史上のデフレが「良いのか、悪いのか」を判断するので、世界との比較という基準は意味がありません。そこで、まずは単に名目所得（名目GDP）が増加しているか減少しているかで判断してみましょう（図12）。

†歴史上、どのようなデフレがあったのか

歴史上、どのようなデフレがあったのか。

物価統計を入手できる範囲で調べると、一九世紀には、インフレ／デフレの交替があったことがわかります。その当時は、金本位制体制だったので、世の中のお金の量が基本的には金の物理的な存在量と大きく関係していました。

世の中のお金の量が物価に関係しているというのは、**貨幣数量理論**です（この貨幣数量理論は、日本ではしばしば貨幣数量説と表現されていますが、英語では quantity theory of money なので「説」という日本語訳はあまり適切とはいえず「理論」というべきです）。

今では、この貨幣数量理論は、**ワルラスの法則**から解釈されています。ワルラスの法則

とは、「各財の総供給（の価値額）＝各財の総需要（の価値額）」となる法則です。ざっくりいってしまうと、**「各商品によっては売れ残ったり、売れすぎたりしてしまうこともあるが、世の中のすべての商品で見れば、そうした不均衡はないといってもいい」**というものです。ここで世の中のすべての商品というのがポイントですが、それには「お金」も含まれます。

そのため、先程の数式は、「貨幣の総供給＋非貨幣財の総供給＝貨幣の総需要＋非貨幣財の総需要」と書き直されます。これは、「貨幣の総供給−貨幣の総需要＝−（非貨幣財の総供給−非貨幣財の総需要）」となります。これは、お金（貨幣）がモノ（非貨幣）より相対的に増えれば、モノの需要が相対的に増すことを意味しています。それで、モノの価格があがる、つまり物価があがるのです。

こうした視点から、お金——一九世紀では金の存在量とモノの相対的関係によって、一八二〇年代から一八四〇年代までの物価の下落傾向、一八四〇年代の終わり頃のカリフォルニアおよびオーストラリアの金発見によっておこった一八七〇年代のはじめ頃までの物価の上昇傾向、一八七三年から一八九六年までのデフレのおおよその性格がつかめます。そして、一八九七年から一九一四年までの、南アフリカおよびアラスカでの金発見によるインフレがおこります。そうして二〇世紀に入ると、金本位制から通貨管理制へと変わっていきますが、その過程での政策ミスなどがおこります。その典型が一九二九―一九三三年の大不況です。

これらの歴史から、

①一八三七―一八四三年
②一八七三―一八九六年
③一九一九―一九二一年
④一九二一―一九二九年
⑤一九二九―一九三三年（大恐慌）

の五つのデフレを取り上げて、それぞれ良いデフレだったのか、悪いデフレだったのかを検討してみましょう。

1　一八三七―一八四三年――悪いデフレ

一八三七―一八四三年、一九世紀初期のデフレ現象は、一八三七年のイギリス・ロンドンおよびヨーロッパ大陸、さらにはアメリカでの金融危機からはじまりました。

別の危機の発端は一八三九年にもあります。ただし、この経済危機やデフレの原因については、いまでも議論が終息していません。つまり、「銀行戦争」(Bank War)といわれる、アメリカにおける当時のアンドリュー・ジャクソン大統領とニコラス・ビドル第二合衆国銀行総裁との間の論争が関係しているからです。

その論争とは次のようなものでした。南部出身で徹底した「州権主義者」であったジャクソン大統領は、「政府が設立した中央銀行は州の権限を犯す」として、連邦裁判所の連邦議会で合憲とされていた第二合衆国銀行の免許更新に大統領拒否権を行使しました。第二合衆国銀行とは初期の中央銀行に相当するものです。これがきっかけで第二合衆国銀行は破綻します。これがどの程度デフレに影響したかが議論されたのです。

また、イギリスでのひどい不作がヨーロッパ大陸からの小麦の輸入を招いたことや、公定歩合の引き上げ、さらに周辺諸国、特にアメリカからの資本の逃避を引き起こしたイングランド銀行の金準備の流出がデフレにどう影響したかも議論となっています。

この期間の経済データは信頼性が欠けているものの、たとえば物価の下落はアメリカで五・六%、イギリスで二・一%、フランスで二%とされています。**実質GDPについては、アメリカで三・九%、フランスで一・三%の上昇ですが、イギリスでは二・六%の低下と**

なっています。これらから、**総じて名目成長率**はマイナスであると**思**われるので、これは**悪い**デフレということになります。

2 一八七三―一八九六年――微妙なデフレ

一八七三―一八九六年のデフレについて、ほとんどの歴史学者は良いデフレと認識しています。それは、その間、多くの国々で物価が年間約二％下がりながらも、約二―三％の実質的な経済成長をともなっていて、その**実質経済成長率**（価格から物価上昇率を除いた実質GDPの変化率）の伸びを評価しているからです。

ところが、**名目経済成長率**（目にするままの名目GDPの変化率）は微増なので、この評価は微妙です。たとえば、イギリスでは、この間に物価は年二％強の下落、実質成長率は二％強の増加で、名目経済成長はほぼゼロでした。一八八〇年代後半に入ってから実質的に経済成長したので、ほとんど名目経済成長率はマイナスであったことを考えると、とても肯定的な評価はできません。

この時代におけるデフレは、第二次産業革命や世界中での鉄道の普及などによる生産性向上を反映しつつ、一八七〇年代初期のドイツ、オランダ、ベルギーおよびスカンジナビア、ならびに少し遅れてフランスなど多くの国が金本位制になり、相対的にお金が少なくなったことが反映されています。
たしかに長期デフレではありましたが、実質的な成長をともなったのは事実です。しかし、安定した経済成長ではなかったため、実質所得が落ちたと感じた債務者、農家などの実質収入が減った人々には激しい不満があり、しばしば破壊的な政治的騒動にもなりました。

有名なのは、アメリカの自由銀運動と労働組合に組織された労働者の増加です。自由銀運動とは、当時の金本位制に対して銀も通貨とする金銀本位制へと変更を迫る運動です。

その一つの例として、一八九六年の大統領選挙があります。

共和党が金本位制の継続を、それに対して、民主党は金銀本位制の導入を自らの政策として主張しました。これは、その後のアメリカの童話の『オズの魔法使い』の背景になっています。タイトルにあるオズは金の単位であるオンスの略であり、主人公の少女、ドロシーは伝統的なアメリカ人の価値観を象徴しています。さらにドロシーとともに旅をする「脳のないカカシ」は農民を、「心のないブリキ人形」は産業資本を、「臆病なライオン」は当時の民主党大統領候補のブライアンです。大統領選は共和党が勝利しましたが、その後、幸運にも、一八九八年にアラスカで金鉱が発見されました。さらに南アフリカから金がアメリカに持ち込まれました。その結果、アメリカでは金の保有量が増大し、デフレから脱却できました。

なお、ヨーロッパでは、労働組合と労働者政党の両方が社会的に勢力を増していました。そのため、関税による保護が農業団体から強く主張されるようになって、実質所得が減った労働者を政治運動に駆り立て、実質収入が減った農家から保護政策がだされるようになったのです。

3 一九一九－一九二一年――悪いデフレ

第一次世界大戦直後の期間に、多くの国々では経済活動の世界的縮小に対応して、短期間に物価下落が起こりました。従って、**名目GDPについて、アメリカでは一八％、イギリスでは二九％、ドイツでは二〇％、カナダでは二四％も減少したときもありました。明らかに、悪いデフレです。**

さらに、この期間の生産活動は、大きく変動し不安定でした。たとえば、アメリカでは、一九二一年に失業率が四％から一二％へ大幅に悪化し、工業生産は二三％も低下しています。そのとき、GNPデフレータは二八％も急降下しました。

この期間のデフレについては、どのような識者であっても悪いと理解しています。深刻な景気低迷は、第一次世界大戦中に発生した高いインフレ率を引き下げ、戦前の金平価《きんへいか》（通貨一枚当たりの金の分量を比較して得られる各国通貨間の交換比率）へ復帰させようとする連邦準備銀行、イングランド銀行、フランス銀行など各国の中央銀行が採用した金融引き締め政策によってもたらされたものです。

こうした理解は、今や学会では共通の認識とされています。このような政策はデフレを一層深刻なものにしました。戦時中の物資不足と投機によって急速に上昇していた物価は、金融引き締めなどによって総需要が縮小し、急激に下落したのです。

なお、ドイツはやや事情が異なり、一九二三年に八桁以上も物価が上昇する空前のハイパーインフレに見舞われました。これは第一次世界大戦で、ドイツが巨額な賠償金を課せられたことが発端ですが、当時の中央銀行であるライヒスバンクが、国家の統制から完全に独立していて、その信じがたい行動によってお札を刷りまくったことが最大の原因です。

ドイツのハイパーインフレが終息したのは、ドイツの中央銀行（ライヒスバンク）総裁のハーフェンシュタイン総裁が亡くなって、新たに設立された中央銀行であるレンテン銀行

図13　各国の物価指数（1921＝100）の推移

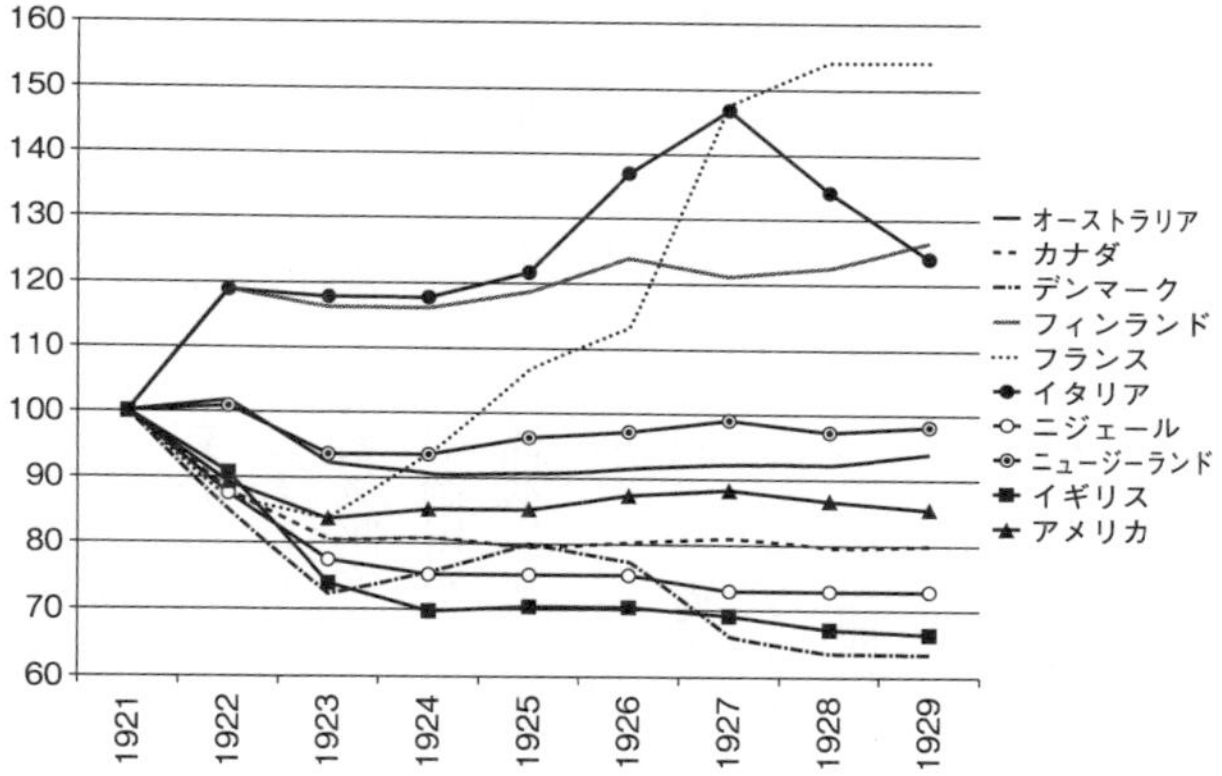

にシャハト総裁が就任し、一レンテンマルクを一兆旧マルクと交換するようになってからです。

4　一九二一―一九二九年――良いデフレ

一九二〇年代は良いデフレの代表例といわれることが多いです。

先にみたように、一九一九―一九二一年にかけて多くの国々ではデフレに陥り、深刻な不況になりました。しかし、その後の二〇年代は、「黄金の二〇年代」といわれています。二度ほどごく緩やかな景気後退によって中断されたものの、多くの国々では大幅な実質成長が見られました（もっとも、二〇年代に停滞に陥ったイギリスは例外です）。

この期間は、多くの国で一―二％の緩やかなデフレを示しました（図13）。しかし、多くの国では、高い実質成長率もあって、名目成長率でもほとんどプラスを記録しました。一九二〇年代の繁栄は、自動車、電話、ラジオおよび冷蔵庫のような新たな「ハイテク」業界が、第一次大戦後に回復したためです。実証分析でも、この期間における供給サイドの影響力が大きかったことを示しています。

また、二〇年代末の戦後賠償および戦債問題が解決されたこと、大戦後に設けられていた数々の国際貿易の取引制限が解除されて貿易が再開されたこと、主要な国が通貨を安定させ一九二五年に金為替本位制へ復帰した後に国際資本移動が活発化したことなどは、世界的な繁栄を拡大させるうえで重要な役割を果たしました。

特に、第一次世界大戦の特需でアメリカは繁栄しました。世界経済の中心は落ち目のロンドンからニューヨークに移りました。そこで、アメリカからヨーロッパ（特にドイツ）さらにラテンアメリカへの広範囲な投資の流れが起こり、それも世界経済に大きく貢献しました。

5　一九二九―一九三三年（大恐慌）――酷いデフレ

一九二九―一九三三年は、アメリカで六・八％、カナダで六・二％、ドイツで五・七

％、イギリスで三・八％、フランスで四・四％の物価下落というデフレでした。

それとともに、アメリカで七・六％、カナダで八・四％、ドイツで二・七％、イギリスで一・〇％、フランスで二・二％の実質生産量の急激な低下があり、不況でもありました。名目経済はそれらよりはるかに低下したので、まちがいなく「酷いデフレ」でした。実際、この時期におけるもろもろの生産量の減少規模は、他の期間の同規模のデフレよりはるかに大きかったのです。

こうした史上まれな不況が、アメリカにおける貨幣的要因によって引き起こされたということは学会で共有された見解になっています。

アメリカの中央銀行ＦＥＤ（Federal Reserve Bank／連邦準備銀行）は、一九二六年以来進んでいたウォール・ストリートの株式市場ブームを牽制するように、一九二八年のはじめ頃に金融政策の引き締めを開始しました。つまり、ＦＥＤは、株式市場への投機的活動に銀行が資金提供できないようにしたのです。ＦＥＤは企業の発行した手形を買うことで資金を供給するのですが、それを徹底しました。これを**真正手形主義**といいます。ちなみに、このＦＥＤの真正手形主義では、一九三二年三月に連邦準備法が改正され、資金供給のために財務省の発行したアメリカ国債を買うことができるようになりました。これは大恐慌対策として見直されています。

しばしば、一九二九年一〇月の「暗黒の木曜日」といわれる株式市場の崩壊が大恐慌の原因ではないかと思われていますが、学者のあいだではそれは本質的な問題ではないとされています。一九二三―三〇年の間に、アメリカで深刻な不況が大恐慌へと変化したのは、一九三〇年一〇月にはじまる一連の銀行パニックにあります。もしFEDが銀行パニックを補う形で金融緩和していれば、大恐慌は避けられたとする研究は多いのです。

この不況は、さらに、金本位制によってつなぎ合わさった固定相場を介しながら、世界各地に飛び火していきました。これは、金融当局が金本位制を信仰し、世界中の崩壊寸前の需要や続発していた銀行パニックを防ぐために必要だった拡張政策をためらったからです。これはまるで「金の足かせ」があったような出来事でした。

大恐慌は、一九三三年までにほとんどの国で終結しました。それも、金本位制から離脱して、拡張的金融政策が自由になった国ほど回復が早かったのです。日本は、一九三〇年一月に浜口雄幸《はまぐちおさち》内閣が金本位制に復帰させましたが、一九三一年一二月に高橋是清《たかはしこれきよ》大蔵大臣が金本位制から先進国のなかでも早く離脱したので、大恐慌の影響は相対的に少なかったのです。高橋大蔵大臣は、日銀の国債引受などで拡張政策をとりましたが、この経済政策は国際的に高く評価されています。
一九三五―一九三六年には金本位制がなくなり、それまで金本位制に固執して不況に苦しんだフランス、ベルギー、オランダ、スイス、イタリア、ポーランド、チェコスロバキアも回復しました。

2 歴史からなにを学ぶか？

†大恐慌研究から学ぶ

大恐慌研究では、大恐慌脱出は積極財政政策ではなく金融緩和で実現できたと指摘されています。

国際経済学では、

①為替の安定

②貿易・資本移動の自由

③金融政策の独立性

の三つは、同時に達成できないことが知られています。

当時の金本位制は、為替安定と貿易・資本移動の自由は達成できても、金融政策の独立性を確保できませんでした。そのため、金本位制に執着した国は十分な金融緩和ができずデフレから抜け出せなかった一方で、金本位制を放棄した国は自由に金融緩和できたのでデフレからすぐに脱出できました。

日本の代表的な経済学教科書に、「金利がゼロになる『流動性の罠』の状態では金融政策は無力であり、財政政策しか効果がない」と書いてありますが、これはまったく見当ちがいです。アメリカを中心にして行なわれた大恐慌に関する国際比較研究は、アメリカの研究者には広く共有されています。そのうえで、さまざまな議論が行なわれていたのです。

†金解禁の謎を解く

城山三郎氏の『男子の本懐』という小説があります。三〇年前、筆者が社会人になったとき新人研修で同書の感想文を書くという課題がありました。

この小説は、昭和初期の世界大恐慌のなかで、**金解禁**（金輸出解禁のことで、金本位制への復帰のための措置）を断行した首相浜口雄幸と蔵相井上準之助《いのうえじゅんのすけ》の物語です。最近はテレビなどでも取り上げられ、また故小渕総理が好んでいたといわれるなど、当時も今でも多くの人は好意的な印象を持っています。「改革半ばで、浜口は右翼によって東京駅で撃たれて死去し井上もまた暗殺されるが、志を実現しようとして命がけでなにかに取り組むという姿勢は感動する」。研修課題としては、無難にこう書いておけば良かったのでしょう。

ところが、筆者はどうして彼らが世界大恐慌のなかで金解禁を行なったのか、理解できませんでした。金解禁というのは金本位制への復帰ですが、世界のどこの国でも金本位制はその後放棄され、現在に至っています。そんなに金本位制が良い制度ならば、なぜ今はどこの国でも管理通貨制度を採っているのだろうか。そんな素朴な疑問が突然湧いたために、集中できずに感想文が書けなかった記憶があります。

なお、ここでいう金本位制とは次のものです。

すなわち金を本位貨幣とし、通貨の単位価値と一定重量の金とが金兌換《だかん》・自由輸出入をつうじて等位関係で結びつけられている制度です。一方で、現在は一国の通貨の数量を金の保有量などによって決めるのではなく、通貨当局が通貨価値の安定、完全雇用の維持などの経済政策上の目標に従って管理する制度（通貨管理制度）です。そこでの金解禁とは、金を自由に輸出する金輸出解禁のことで、金本位制への復帰のための措置になります。

この筆者の疑問は、一〇年ほど前に突然氷解しました。

当時、筆者はアメリカ・プリンストン大学にいましたが、ある日大学構内の書店でバーナンキ（当時プリンストン大学教授）が書いた『大恐慌論文集』（Essays on the Great Depression、二〇〇〇年、プリンストン大学出版）を見つけました。そこには、世界大恐慌は金本位制によって発生し伝播されたと書かれていました。さらに、こうした世界大恐慌と金本位制の本質的かつ密接な関係は、アメリカ学会では論争が終了して、すでに研究者間で共有されている標準的な理解になっていたこともわかりました。そのため、大学構内の書店で『大恐慌論文集』が一般書とともに平積みされ、多くの研究者のみならず学生にも読まれていたのでしょう。

著者のバーナンキは、プリンストン大学でも多くの尊敬を受けていた経済学者であり、経済学部長の要職をこなしながら教育者としても多くの人望を集めていました。また、二〇〇二年八月、彼はＦＲＢ（連邦準備制度理事会）理事に就任しています。彼の業績としては、プリンストン大学の同僚であり元ＦＲＢ副議長でもあったアラン・ブラインダーと共同研究した金融政策の経済への波及メカニズムなどとともに、一九三〇年代の世界大恐慌を国際比較の視点から研究したことが有名です。この『大恐慌論文集』は、これまでの彼の研究を集大成したものでした。

†国際比較から見える「問題の本質」

この本は、「大恐慌脱出は金本位制からの離脱による金融緩和で実現できた」ことを明快に分析しています。

先ほど述べたように、現在の国際経済学では、為替の安定、貿易・資本移動の自由、金融政策の独立性の三つを同時に達成できないことが知られています。当時の金本位制は為替安定と貿易・資本移動の自由は達成できますが、金融政策の独立性は確保できません。そのため、金本位制に執着した国は十分な金融緩和ができずデフレから抜け出せませんでしたが、金本位制を放棄した国では自由に金融緩和できたのですぐに脱出できました。

次ページの図14は、『大恐慌論文集』に掲載されているデータですが、その様子を明らかにしています。

世界二四カ国を金本位制に対するスタンスに基づいて、

・第一グループ（金本位制でなく一九三一年までにデフレから離脱した国——スペイン、オーストラリア、ニュージーランドの三カ国）、
・第二グループ（一九三一年までにデフレから離脱した国——日本、イギリス、ドイツなど一

図14　卸売物価指数（WPI）1929＝100

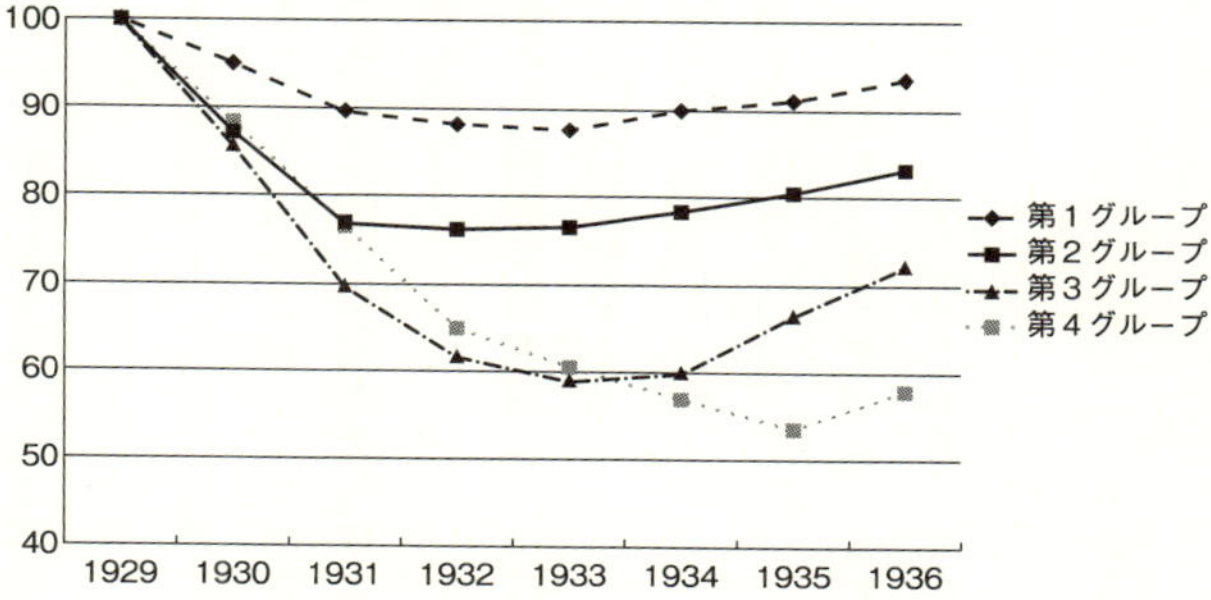

四カ国）、

・第三グループ（一九三二年から一九三五年までにデフレから離脱した国――アメリカ、イタリア、ベルギー、ルーマニアの四カ国）、

・第四グループ（一九三六年でもデフレから離脱しなかった国――フランス、オランダ、ポーランドの三カ国）

のグループ分けを行ない、グループごとにデフレの状況（具体的には卸売物価の推移）を示したものです。

これを見ると、デフレはどのグループでも生じているが、金本位制から早く離脱したグループほど影響は軽微であり、より早くデフレから脱却していることがわかります。

たとえば、第一グループのスペインは金本位制自体に復帰していなかったので、大恐慌の影響をほとんど受けませんでした。一方、一九三六年になっても金本位制に固執した第四グループのオランダ、フランスはスペインと地理的に近いにもかかわらず、デフレはひどくなかなか回復しませんでした。

『大恐慌論文集』では、物価だけではなく、生産活動など他の経済指数についても、金本位制との関連性を示しています。ようするに、どこの国でも、大恐慌のときには、物価と生産活動に強い相関が見られますが（日本は物価の下落にもかかわらず生産の落ち込みが少なく例外的な存在です）、物価の下落も、生産活動の落ち込みの程度やその後の回復も、金本位制からの離脱時期によって決まっていたのです。

一国だけの歴史を見ると、それぞれの国の事情などもあってなかなか本質が見えませんが、こうして国際比較アプローチの観点から見ると、問題の本質が浮かびあがってきます。しかも、国際比較は客観的なデータ分析によって行なわれており、きわめて説得的です。

こうした国際比較重視の大恐慌研究は、バリー・アイケングリーン（カリフォルニア大学）によって一九八〇年代半ばからはじめられました。彼は、この分野で重要な貢献をしたピーター・テミン（マサチューセッツ工科大学）とともに『大恐慌論文集』に書評を寄せ、バーナンキの貢献を高く評価しています。

†大恐慌がマクロ経済学を生んだ

大恐慌は近代経済史上最大の出来事であり、ケインズの『一般理論』(一九三六年)を持ち出すまでもなく、マクロ経済学は大恐慌によって生み出されました。

大恐慌を説明する学説の課題は、一九二〇年代のバブルの崩壊と、その結果としての消費・投資の落ち込み、銀行危機による流動性不足、各国の保護主義による縮小均衡、恐慌による心理パニックなど数多くあります。そのなかでも、金融政策の役割は、長いあいだ大恐慌研究の中心課題でした。米国の歴史を見ても、貨幣供給と、物価変動や生産水準とが強い相関を示していることがわかります。問題は、なにが原因でなにが結果であるかを解明することでした。

一九七六年にノーベル経済学賞を受賞したフリードマンは、一九六〇年代中頃、「貨幣供給が過小になったため物価の下落と生産水準の低下を招いた」とし、金融政策の誤りが大恐慌の原因であったと主張しました。一方、貨幣量の減少は実物経済活動の結果にすぎないという反論もあり、アメリカのみの研究では決定的な答えはなかなか見いだせませんでした。この論争に決着をつけたのが、前述した一九八〇年代半ばのアイケングリーンにはじまりバーナンキが発展させた**国際比較アプローチ**でした。

この国際比較アプローチによって、大恐慌期の金融政策が金本位制という外生的要因に規定されていたこと、そしてその金本位制への各国のスタンスに、各国の実物経済のパフォーマンスが影響されていたことがわかりました。この意味で、金融政策が大恐慌の原因であったのです。

この研究を突破口として明らかになったことは数多くあります。たとえば、なぜ各国ともに金本位制に固執したのでしょうか。

その答えは意外に単純で、各国の政策担当者が「金本位制＝経済の繁栄」という幻想をもっていたからです。この幻想は、第一次大戦前には金本位制で世界経済が繁栄したことから生まれました。しかし、戦後の経済発展にともない金が不足していたことにくわえて、イギリスからアメリカへ覇権が移行したものの、黒字国アメリカに覇権国としての自覚がなく、緊縮的な金融政策をとったために、国際的な貨幣供給の減少が生じ、世界的な大恐慌につながっていきました。

†日本の経済界は世界標準を知らない

大恐慌の先例について、日本の多くの識者は「ニューディール政策による大規模な公共投資、さらには戦争という究極の積極財政によってしか脱出できなかった」と見ています。また、代表的な日本の経済学の教科書は、「金利がゼロになる『流動性の罠』の状態では金融政策は無力であり、財政政策しか効果がない」と書いてあります。こうした浅薄な大恐慌の理解は、一九九〇年代における日本経済のデフレに対しても誤った対応につながっています。

彼らは、ここで紹介している欧米の標準的な理解を知らないのでしょう。

そもそも、アメリカ経済史の事実として、ルーズベルトのニューディール政策で最初に採られた政策は、公共投資でなく、金輸出・外為取引の停止（事実上の金本位制度からの離脱）と銀行閉鎖でした。しかも、彼の政策は、価格の引き上げを目的とする政策がその根幹にすえられていました。農業調整法（生産制限、政府買い上げによる価格調整）も全国産業復興法（産業・労働者の組織化と公共事業推進による工業回復）も、連邦政府が市場に介入し、農産物や工業製品の価格下落を食い止めようとしたものです。本格的な総需要政策は一九四一年アメリカが戦争経済に突入することで実現されましたが、ルーズベルトが大統領に就任した一九三三年からアメリカ経済は持ち直し一九四一年までにかなり回復していました。

大恐慌の研究者でもあり、現実の金融政策にも詳しいバーナンキは、二〇〇二年一一月二一日、ワシントンで「デフレをアメリカで起こしてならない」という講演を行ないました。

もちろん、一九九〇年代における日本のデフレが反面教師です。彼は、デフレの予防のために先を読んだ（preemptive）金融政策の重要性を指摘し、もしゼロ金利の下でデフレになった場合でも、国債発行による減税と中央銀行による国債買入（これはフリードマンの有名な「ヘリコプターによるマネー散布」と同じです）まで行なえば、デフレから確実に脱出できるとしています。

彼の観点から見れば、これまで金利引き下げが後手に回り先を読んだ金融政策を行なえずに、当時年一四兆円程度の国債買入（ただし、この数字はグロスです。真に金融政策が効果を発揮するためには、日銀保有国債の償還額を差し引いたネットが重要ですが、その数字はわかりません）で十分に金融緩和していると主張する日銀のスタンスは評価できなかったでしょう。

3 いかに金融システムを安定させるか？

†日本経済は恐慌ではない！

二〇〇八年九月のリーマン・ショック直後、世界は恐慌の瀬戸際にありました。

ただ、マスコミなどで「恐慌（depression）」という言葉は慎重に使われており、まだ恐慌になったとは断言されていません。そのかわりに「景気後退（recession）」と表現されています。景気後退は、一般的に「実質GDPが二四半期続けてマイナスになること」と定義されています。恐慌は「深刻な景気後退」という意味ですが、戦後はあまり使われておらず、一般的な定義もありません。

有名な大戦後の「大恐慌（Great Depression）」では、一九二九年から一九三三年にかけて実質GDPが三〇％程度も減少しました。イギリスのエコノミスト誌によれば、恐慌は、実質GDPが一〇％以上低下するか、または三年以上マイナスが続く場合に使われることが多いといいます。この基準に従えば、一九九〇年代の日本の「失われた一〇年」は恐慌ではありません。なぜなら、成長率のマイナスは二年程度であり、その幅は三％程度だったからです。

なお、日本やアメリカは、景気循環の転換点を月単位で公表しています。それによれば、今回は、アメリカでは全米経済研究所（ＮＢＥＲ）が二〇〇七年一二月から、日本では内閣府が二〇〇七年一〇月から、それぞれ景気後退入りしたと発表しています。今回の経済危機はアメリカ発といわれていますが、実は日本のほうがアメリカより景気後退が早かったわけです。ちなみに、ヨーロッパでは二〇〇八年春が景気転換です。

日本の景気後退が二〇〇七年一〇月として、二〇〇八年第一四半期の実質ＧＤＰは五六八兆円であり、二〇〇九年第一四半期の実質ＧＤＰは五三五兆円程度なので、マイナスは一年、その幅は六％程度なので、これまでの用語法にしたがえば、「恐慌」ではないのです。

†これから本当の恐慌になるのか？

本当に恐慌になるかどうかは、今後の経済次第です。

そのなかでもとりわけ重要なのは、景気を下支えする財政政策・金融政策というマクロ経済政策です。**戦後、恐慌といわれるような景気後退が先進国でほとんどないのは、マクロ経済政策の発展・進化が一番大きな要因です**。そのおかげで、今回も結果としては、「恐慌」にならずにすみました。

そうしたマクロ経済学について、具体的に説明しましょう。

まず財政政策です。恐慌は経済学を進化させるといいましたが、ケインズの有名な『雇用・利子および貨幣の一般理論』（ケインズ経済学）は、一九三〇年代の大恐慌に対処するために一九三六年に書かれました。戦後、「不況期には財政支出を拡大する」というケインズ政策は先進国で常識となったので、深刻な恐慌は起きにくくなりました。しかも、不況期・好況期ごとに裁量的に財政支出を増減させるだけでなく、所得税・法人税は自動的に好況期に増え、不況期に減少し、逆に失業手当は好況期に減少し、不況期には増加するなどの自動安定装置《ビルト・イン・スタビライザー》の効果が大きかったことも重要です。

もうひとつは金融政策です。これまでの研究成果によれば、一九三〇年代の大恐慌は、はじめはアメリカのささいな景気後退にすぎませんでした。だが、それに銀行の連鎖倒産と取りつけ騒ぎが拍車をかけ、一部の銀行の休業宣言によって金融システムが完全に機能を停止し、経済全体がパニックに陥ってしまったのです。そのため金融システム不全が実物経済に悪影響をあたえ、さらに、金本位制の下でFRBの未熟な金融政策が経済不況を深刻にし、各国に不況が伝播し世界規模の大恐慌へつながったと理解されています。

大恐慌後、世界各国は金本位制から通貨管理制に移行し、景気後退期には拡張的な金融政策が行なえるようになりました。このため、マイルドなインフレはありえても、大恐慌のようなデフレ（持続的な物価下落）をともなうような最悪な事態は回避できるようになりました。

†進化するマクロ経済学

いずれにしても、こうしたマクロ経済政策の進化・発展の結果、戦後の先進国では景気後退は大恐慌にならず、不況期の失業は格段に抑えられてきました。

それに比べて、戦前は景気変動が大きく、しばしば恐慌に陥りました。それは、金融システム不安（信用収縮）、デフレとともに、実質GDPが一〇％以上も下落する深刻な経済不振となっていました。

たとえば、大恐慌時のアメリカの物価は二五％も下落し、名目GDPは半減しています。

アメリカでは、一八三三―九四年と一九〇七―〇八年には実質GDPが一〇％程度も減少し、一九一九―二一年には一三％も低下するほどの恐慌状態だったのです。

しかし、戦後、恐慌やそれとともに生じるデフレはほとんど死語になり、経済学の分野でもマクロ経済学はあまり主流とはいえない状態になっていきました。そのなかで、オールドケインジアンとマネタリスト間の論争のように、外部の者からみれば、マクロ経済学上の論争は宗教論争のようになっていました。

そうしたなか、一九七〇年代半ばにロバート・ルーカスによって提起されたマクロ経済学への批判は、現実的な話というより、理論的に的を射ており、アカデミックな世界へ大きな影響を与えました。

その批判とは、従来の経験則的で、「**経済主体の行動原理**がないマクロ経済モデル（ミクロ的基礎がないといいます）は、**将来に対する予想の変化によって経済主体の行動様式それ自体が変化すれば、まったく意味がなくなる**」というものです。

具体的にみてみましょう。ルーカスの批判より以前のマクロ経済モデルは、「消費関数」「投資関数」などをそれぞれ推計し総需要を積み上げる一方で、「フィリップス曲線」（物価と失業率の関係）を推計しそれをもとに総供給を構成し、総需要と総供給で全体モデルをつくるというものでした。消費関数、投資関数、フィリップス曲線などの多くの構造方程式から構成されて（およそ数百本の式があります）、それぞれの構造方程式の推計された係数は不変であるという前提で、各種の政策効果を測定します。

それに対するルーカスの批判は、**政策が実施されると、人々の行動様式が変わるので、構造方程式の係数は不変とはいえない**というものでした。

たとえば、減税するとしても将来の増税がセットなので、減税による消費増は減り（消費の可処分所得に対する比率、つまり消費性向が変わり）、減税の効果は減少するというものです。

もっとも、実際はというと、人々はそれほど合理的に将来を考えているわけでもなく、まったく将来を考えていないともいえないという曖昧なものです。しかしながら、ルーカスの批判をどのように克服するかというのが、マクロ経済学の一九八〇年代以降の課題でした。

†ニューケインジアン・モデルの誕生

そこで、生み出されたのが現代のマクロ経済学では標準的なフレームワークとなっている**動学的一般均衡分析**です。

この分析は、二〇〇四年にノーベル経済学賞を与えられたフィン・キドランドとエドワード・プレスコットによる**実物的景気循環理論**をベースに、さまざまなミクロ理論を取り込んだ、シンプルな構造でした。実物的景気循環理論とは、完全競争・完全市場・合理的予想をする代表的個人のもとで、生産技術などの実物的要因だけが景気循環の要因になるという理論です。この理論は「非自発的失業は存在しない」とするなど、現実とはかなり異なっていますが、物理学で真空状態を分析すると現実世界の現象がより良く理解できるように、経済分析の基礎となる概念を提供しました。

この実物的景気循環理論に、独占や寡占を含む不完全競争や、財の種類によって異なる価格の硬直性、賃金の硬直性などを組み込むと、現在主流となっている**ニューケインジアン・モデル**になります。このモデルでは、従来のケインズ経済学の基本分析ツールであるIS―LMモデルとかなり類似したNew IS―LMモデルがでてきます。しかも、従来から批判されてきたミクロ的な基礎をもち、将来への予想も組み込まれています。

このため、動学的一般均衡分析は従来からの経済分析を正当化しているともみられます。

ただし、動学的一般均衡分析は、現時点でまだ発展途上であり、現実の政策決定に使うのは時期尚早という意見が多いモデルです。単純なモデルなので、一部の政策機関では研究的に試行されていますが、現実世界のデータを十分にフォローできず、政策担当の信頼を十分にえていないのが実情です。

経済学というのは時代によって主流の考え方が変わることが多く、誰しも若い時代に学んだものに大いに支配されるというのは、ケインズも指摘していることです。政策担当の実権を握る人の多くは、伝統的なケインズ経済学の思想を受けついでおり、ニューケインジアン・モデルはその数理的構造が理解困難なこともあり、アカデミックな世界では有力でも、実務界ではほとんど知られていません。

ニューケインジアン・モデルの政策手段の中心は金融政策です。このモデルのベースとなる実物的景気循環理論では、裁量的な財政・金融政策は無効であるとされていますが、これは各経済主体が合理的な将来予想をもつので政策効果が予見されるからです。

ところが、財や賃金に価格の硬直性を前提とすれば、政策効果の予見はできず、それが政策効果を生むことになります。特に、減税・景気対策の後には増税と逆効果のものがセットになりやすい財政政策に比べて、金融政策は、たとえばゼロ金利を継続するなど将来に対する政策当局の重大な決意《コミットメント》があれば、それが経済主体の将来への予想に働きかけられるので、よりマクロ経済に対する効果は大きくなるのです。

ニューケインジアン・モデルにおける最適な金融政策として、インフレ目標政策も導き出すことができます。インフレ目標政策は、日本ではひどく不評ですが、中央銀行の将来へのコミットメントを表すものであるので、最適な政策になるのです。

†脱デフレの戦略①――タイミングの良い量的緩和

さて、こうした最新経済学の知見を生かして、金融政策の出口戦略をどう考えたらいいのでしょうか。

まず、重要なのはそのタイミングです。ここで指摘したいことは、現在日銀が行なっている金融政策は、欧米と比較して、マクロ経済政策として不十分だということです。

たとえば、量的緩和という非伝統的金融政策は、将来へのインフレ予想を高め、実質金利を低め、名目金利がゼロでも経済を活性化できるものとして、G20でも各国で行なうとされていたものでした。FRBは二〇〇九年一二月、イングランド銀行は二〇一〇年三月、ヨーロッパ中央銀行も五月に導入しています。

しかし日銀の歯切れは悪いままです。量的緩和自体を否定しているし、量的緩和につながる国債買い入れを行なうといいながら、**銀行券ルール**に縛られているからです。銀行券ルールはあまり世間には知られていませんが、日銀の内部規定であり、「国債買い入れ残高を銀行券発行残高の範囲内にする」というもので、海外の中央銀行にはない日銀独自のものです。かつてFRBに入る前にバーナンキ氏がなんの合理性もないと切り捨てています。

たしかに、将来へのコミットメントが重要であるにもかかわらず、わけのわからない内部規定に縛られては、本来あるはずの政策効果もでてきません。しかも、欧米では「信用緩和」といいCPなど民間債購入にも積極的ですが、日銀はきわめて慎重です。アメリカでCPといえば単なる「約束手形」ですが、日本ではCPは「最上級社債」であり、優良企業にしか発行できません。しかも、日銀はCP買い取りに消極的で、その役割を民営化が決まっている日本政策投資銀行に押しつけています（この民営化は反故にされそうですが、ここではふれません）。

現在の不十分な金融政策のまま、出口戦略だけを急ぐことはぜひとも避けなければいけません。アメリカでも大恐慌のときに出口戦略を急ぎ、一九三七年にふたたび不況に陥り、そのために第二次世界大戦に突入せざるをえなかった歴史もあるのです。

†脱デフレの戦略②——危機を起こさない仕組みづくり

次に出口戦略として望ましいのは、適切な金融政策にとどまらず、ふたたび危機を起こさないような仕組みづくりです。

インフレ目標は先進国で採用されており、新しい経済学でも最適な金融政策になるので、出口戦略として最有力ですが、世界の流れは、これだけでは不十分だという考え方に移っています。**今回の経済危機の原因は、金融技術を乱用した過度な信用拡張、バブルにあったからです。**

バブルを事前に抑えられるかどうかについては、欧米で意見の対立がありました。アメリカは「(事前にはわからないので)バブルが破裂したら事後的に最善を尽くす」という立場(FEDビュー)、ヨーロッパは「事前に規制すべき」という立場(BISビュー)でしたが、ここにきてBISビューが有力になっています。

バーナンキFRB議長も、最近は「マクロ・プルーデンス・監督規制」(macro prudential supervision)という言葉を使いだしています。これは従来からの個別金融機関の監督規制ではありません。個々の金融機関にとっては許容範囲のリスクであっても、金融システム全体になると問題になるものを監督・規制するというものです。ようするに、おそらく世界の中央銀行の出口戦略では、インフレ目標とともに、金融革新が暴走しないようにするための安全装置や法的規制が必要なのです。

となると、日銀はどうなるのでしょうか。インフレ目標は、中央銀行によるコミットメントなので、必然的に中央銀行の責任もともないます。これまで日銀は責任論を回避するためにインフレ目標を避けてきたきらいがあります。この点、物価と失業率の両方に責任をもつFRBが、インフレ目標だけの採用に消極的であったのと事情がまったくちがいます。

はたして、日銀の出口戦略としてインフレ目標を採用できるのでしょうか。

その場合、デフレであったにもかかわらず二〇〇六年から金融引き締めを行ない、結果としてアメリカより先に景気後退に入ったことをどう総括するか。また、金融機関監督強化ともなれば、金融庁との線引きをどうするのか。そして、金融庁の金融機関監督・検査機能を日銀に移管することが合理的ですが、縦割り志向を簡単に変えられるかどうか。日銀は、この三点を検討しなければなりません。

こうした問題は、欧米にも少なからずありますが、今回の経済危機の出口戦略では必ず検討されるでしょう。しかし、日銀はこうした大胆な出口戦略を打ち出せず、不徹底な出口戦略になるかもしれません。日本は、いぜんとして先進国中で珍しいデフレのなかで、出口戦略は先の先なのです。

†新たな金融システムへの試み

一〇〇年に一度といわれる経済危機に、政府からは「最悪期は脱した」として景気判断の上方修正、景気底打ち宣言が出ています。

たしかに、株価は二〇〇九年三月一〇日の最安値七〇五四円から反転しており、GDPについても、二〇〇九年一―三月期はマイナス一四・二％（年率換算）と戦後最悪でしたが、八月一七日に公表される四―六月期ではプラスが確実視されています。

考えてみれば、最悪期は長くは続かないというだけのことです。最悪の後は、かなり悪くても「最悪」よりはましなのです。数字の錯覚ですが、GDPでいえば四―六月期のGDPを前期の一―三月期と比べるのではなく、前年の四―六月期と比べると経済状況が良くないことがわかります。たとえば、四―六月期が前期比二桁プラスであっても、前年同期比ではマイナス五％でした。

こうした経済危機では「出口戦略」をあせってはいけません。一九三三年の大恐慌の時にも、一時景気が持ち直しましたが、一九三六年からＦＲＢが金融引き締め政策を行ない、その結果恐慌がぶり返して、世界大戦への道をたどりました。

こうしたなかで、今回の世界経済危機への教訓として、金融規制の議論が世界中で行なわれています。日本国内にいると、世界でそのような議論が行なわれているなどとは思いも及びませんが、**今回の金融規制の議論は将来の金融業を誰がどのように握るかについて決定的に重要**です。

というのは、**現在の金融規制の枠組みは、基本的には大恐慌時の一九三〇年代に構築されたもの**であるからです。しかしながら、おそらく日本は欧米での議論が終息したらそれを「輸入」して一件落着でしょう。日本の金融機関は欧米に比べれば相対的に痛んでいないので、日本が主張すればイニシアティブがとれる可能性もありますが、四月のロンドンの金融サミットをみると、どうも日本にはその能力も気概も感じられないのは残念です。

余談になりますが、日本の論壇では、「金融資本主義の崩壊」などのキャッチフレーズで、金融業を全面批判する向きが多くみられます。しかし、この種のアバウトな議論からは生産的なものは出てきません。なぜなら、こうした主張をする人の多くは、金融に無知なので、自らが理解できないものへの憎悪ともいうべき論調だからです。にわか知識でデリバティブズなどを批判しますが、ご当人が金融工学を理解していないのでなにを批判しているのかわからないことがしばしばあります。

†いかに金融システムを安定させるか？

ともあれ、今回の世界経済危機が金融機関の行動に起因し、しかも個別の金融機関の問題にとどまらず広範囲な金融機関に伝播し、世界同時危機になっていたのはまちがいありません。

こうした問題は、**システミックリスク**――つまり、個別の金融機関の支払不能や機能不全が、他の金融機関、他の市場、または金融システム全体に波及するリスクとして知られていました。

金融システムにおいては、個々の金融機関が各種取引や決済ネットワークにおける資金決済を通じて相互に結ばれています。そのため、一カ所で起きた支払不能の影響は、あたかもドミノ倒しのように決済システムや市場を通じて波及していく危険性があります。しかし、このリスクの認識は定性的なものであり、具体的な規制体系として具現化されていたわけではありません。

アメリカは、州と連邦による複雑な二元免許制度の下で、銀行への規制行政を行なってきました。それにくわえて、大恐慌の起きた一九三〇年代に、銀行・証券（投資銀行）を分離するグラス・スティーガル法や、証券取引委員会（SEC）や連邦預金保険公社（FDIC）の創設など、規制の基本的な枠組みが整備されました。また、保険会社については、一九〇〇年代初頭から州による規制が行なわれています。これらの発想は、銀行を中心にした業態別規制をベースとする個別金融機関の規制です。

一九八〇年代以降、証券化などの金融技術の発展に対応するために業態の仕切りは徐々に低くなっていきました。しかし、「個別金融機関ごとに検査を行ないながら、全体として金融システムの安定性を図る」という基本思想は変わっていません。具体的には、一九八〇年、八二年、九九年には規制緩和、八九年、九一年には規制強化とその時々で環境変化は図られてきましたが、規制の基本構造は一九三〇年代の仕組みを継承してきたわけです。

一方、ヨーロッパでは、アメリカの影響を受けつつも、金融業態を細分化しないユニバーサル・バンキング・システムがベースにありましたが、やはり重要なのは個別金融機関の規制でした。金融自由化とともに、アメリカが業態別規制を緩和してきたので、この意味で欧州は先進的でした。

さらに、一九八四年、アメリカ大手銀行であったコンチネンタル・イリノイ銀行が破綻したのを契機として、自己資本比率規制（総資産内で、八％以上の自己資本の維持を求めた規制）をBIS（各国中央銀行で組織された国際決済銀行。本部はスイスのバーゼル）が音頭をとって導入しました。これは当初は銀行だけでしたが、その後、証券会社、保険会社も同様の思想で、個別の金融機関の健全性を確保するために、必要な自己資本を持つべきとして、今の金融規制の根幹になっています。ただ、この規制は基本的には国際金融業務を行なう機関に適用されるものです。

†対症療法と抜本策のあいだ

それが今回、一〇〇年に一度といわれる経済危機がアメリカの金融機関（大手投資銀行と保険会社）を発信源として起こったので、当然ながら、アメリカの規制構造そのものが問われているのです。さらに、国際業務を行なっていた金融機関に対して適用されていたBIS自己資本比率規制も無力であったことが判明しました。

アメリカでそうした議論があるのはあたり前ですが、今回のような世界同時危機では他国でもそうした議論がわき上がります。その一つの理由は政治的なもので、それは四月のロンドン金融サミットでのアメリカ対ヨーロッパの対立にも見られました。

政策には、対症療法（POLICY TO HELP）と抜本策（POLICY TO SOLVE）があり、今回の経済危機では、とりあえず対症療法が喫緊の課題で、金融政策と財政政策のポリシーミックス（政策手段の一体化運営）が行なわれました。

だが、後者の財政政策では、いわばアメリカの不始末について自国の国民に負担を強いるということになります。それは政治的にはきわめてまずいので、対症療法とともに抜本策も国民に示さざるをえません。というわけで、四月には、財政・金融政策での協調を求めるアメリカと金融規制強化を求めるヨーロッパが対立したわけです。結局、対症療法と抜本策の両方ともに必要だということなので、対症療法がでそろったところで、抜本策に議論は移行していきました。

ちなみに、日本は、本来であれば経済危機の発信源ではないので、ヨーロッパと同じスタンスが自然でしたが、とにかくばらまき経済対策をやりたいという官僚と一体になった麻生政権がとった戦略はアメリカとの協調路線にあったので、世界的な目線からはかなり違和感がありました。日本ではこうした国内政治情勢のために、金融規制の議論がやりにくいので、この点からも、今後の半世紀に及ぶ世界での金融覇権をどのように制するかという世界同時経済危機後のスタートで出遅れている感があります。

†アメリカの経済改革のポイント

そこで、まず今欧米でどのような議論が行なわれているかを整理しておきます。

第一に、アメリカの財務省は、二〇〇九年六月一七日、金融危機の再発防止を目的とした金融規制改革案を発表しました。アメリカは今回の規制改革を一九三〇年代の大恐慌以来の大規模な改革と位置づけており、FRBの権限強化を中心として、政府による金融機関への規制が大幅に強化されることになります。

ただ、アメリカにはこれまで二元免許制度や保険の州規制など多数の金融規制機関が存在し、それが監督機能の実効性を弱めていたとも指摘されており、その点では抜本的な改革にはなっていないのも否定できません。

たとえば、二〇〇八年秋経営危機に陥った保険大手アメリカン・インターナショナル・グループ（AIG）の監督権限はニューヨーク州政府にあり、FRN（変動金利短期証券）

などへの連邦政府の対応が後手に回ったことが危機を拡大させたとされていますが、保険監督は州政府のままです。

今回の提案は、あくまで行政府のものであり、これから議会においてどのような議論が展開されるか、予断を許しません。アメリカでは政府提出の法案が議会で修正されるのは日常茶飯事なので、誰が監督権限を持つのかという点は議会で大いに議論されるでしょう（日本のように政府提出法案がそのまま国会で可決されるほうが、立法府が本来の仕事をしていないということなので奇妙なことなのです）。

いずれにしても、アメリカ政府の改革案のポイントは、以下の通りです。

第一に、金融機関の監督・規制の強化です。アメリカ政府は、財務長官を議長とし、FRB議長、FDIC（連邦預金保険公社）総裁やSEC（証券取引委員会）議長が参加する「金融サービス監督協議会」を設立しました。同委員会は、マクロ・プルーデンスの観点から、規模・レバレッジ（投資に対する借り入れの倍率）・相互連鎖性で、破綻すると金融システムに脅威を与える金融機関を「Tier I金融持株会社」として特定しています。

第二に、Tier I金融持株会社はFRBによる連結ベースの監督に服し、リスク管理、流動性、資本において高い基準を要求されます。また、銀行持株会社と同様の業務範囲規制も課されます。さらに、ＦＲＢは通常の監督にくわえて、マクロ・プルーデンスの観点から金融システム全体へのリスクも考慮します。つまり、ＦＲＢはＴｉｅｒ Ｉ金融持株会社の相互のエクスポージャー（リスクの度合い）や金融市場との相互連関もモニターするのです。なお、ＦＲＢは全体にとって重要な資金・清算・決算システムも監督しています。

第三に、財務省関連では、連邦免許を与えられた銀行の監督機関として、国法銀行監督局が創設される一方、貯蓄金融機関免許《スリフト・カンパニー・ライセンス》（事業会社が基本的な銀行業務を手がけられる免許）は廃止されます。また、財務省に「全国保険局」が創設され、情報収集などが行なわれます。

第四に、金融取引規制が強化されます。ローン証券化の際、組成者または販売者はリスクの五％を保有しなければならないとしました。ＣＤＳ（クレジット・デフォルト・スワップ／融資先が債務不履行に陥った際、銀行や投資家が損害を負担してもらう権利の相対取引）などのＯＴＣデリバティブ（金融派生商品）も、記録・報告義務の強化などを通じて包括的な規制の網がかけられました。ＳＥＣとＣＦＴＣ（商品先物取引委員会）の統合は見送られましたが、両者の規制は同じような金融商品についても相違があるため、それをどうなくしていくか、二〇一〇年九月末までに議会に報告することとされました。

第五に、消費者を守るために「消費者金融保護庁」（ＣＦＰＡ）を設立します。消費者にとってわかりやすい金融商品の情報開示が行なわれるようにするためです。

この五つが、アメリカで議論されている改革のポイントです。

†ヨーロッパの経済改革のポイント

次に、ヨーロッパをみてみましょう。

二〇〇九年六月一九日、ＥＵ首脳会議で、金融危機の再発防止のため、域内の金融を監視・監督する機関を創設することを盛り込んだ首脳宣言が採択されました。

現状では、ヨーロッパの金融監督体制は各国バラバラです。そこで、それらの体制の機能をヨーロッパで一元化し、ヨーロッパ域内で広域展開する銀行の経営リスクの高まりなどに備えるというわけです。新機関は、「ヨーロッパシステミックリスク機構」といい、**マクロ・プルーデンス**だけでなく、**ミクロ・プルーデンス**（金融監督）もカバーします。機構トップはヨーロッパ中央銀行から選任されます。この新体制は二〇〇九年秋までにヨーロッパ委員会が具体策をつくり、来年中にスタートさせるとしています。

なお、ミクロ・プルーデンスとは、個々の金融機関が健全に運営されていれば、金融システム全体も安定するため、ミクロ・レベルの健全性に焦点を当てて対応するという考え方です。一方、マクロ・プルーデンスとは、実体経済・金融市場・金融機関など、金融システム全体の制度設計と政府対応を行なう必要があるという考え方です。

二〇〇九年七月八日、英財務省が、金融危機の再発防止に向けた体制づくりの素案「ホワイトペーパー」を公表しました。ヨーロッパのなかでイギリスはやや特殊な金融規制体系になっています。つまり、一九九七年、現首相のゴードン・ブラウンが財務大臣時代に、金融政策の権限をイングランド銀行に移し、金融監督では財務省・金融サービス機構（法令の制定・改廃、金融行政に関する大きな方向性の決定、金融サービス機構理事の任命権などは英財務省の所管）という三者体制としました。

ちなみに、この体制の根拠として、「ミクロ・プルーデンス（金融監督）は金融政策と利益が相反する」とされていますが、ＦＲＢのほか他国でも金融政策と金融監督は、金融政策の目標などの透明性を高めることによって両立しうるという考え方が有力です。今回のホワイトペーパーでも、この三者体制は維持されていますが、これは政治的な理由でしょう。なお、現時点では抽象的ですが、マクロ・プルーデンスの重要性はかなり強調されています。

このような欧米の金融規制のキーワードは、従来の個別金融機関だけに着目した監督規制というミクロ・プルーデンスだけではなく、金融機関相互のエクスポージャー（価値変動リスクにさらされている資産の割合）や金融市場との相互連関を意識したマクロ・プルーデンスです。そのうえで、アメリカでは、保険会社・ヘッジファンド・証券会社などの非銀行の監督問題が付加されています。

こうした欧米の流れを、日本の規制当局は牽強付会《けんきょうふかい》にいいとこどりするでしょう。最近、金融庁への影響力を強めたい財務省は、イギリスの取り組みを紹介し、マクロ・プルーデンスについて金融庁・財務省が一定の影響力を保ちたいとするはずです。しかし、イギリスの例は政治的な産物であり、現にＬＳＥ（ロンドン・スクール・オブ・エコノミクス）のウィレム・ブイター教授は、七月八日の財務省ホワイトペーパーは改革でないと批判しています。

その背景には、従来のミクロ・プルーデンスでの自己資本比率規制の景気変動を過度に拡大しないように、「可変的」規制（必要自己資本比率について、景気過熱期には高くし景気低迷期には低くする）に変更し、マクロ・プルーデンスには十分な流動性供給が重要であるというのが、アカデミックレベルで定説になっています。

最上位格づけの金融商品が突如として無価値になるのは、もともと格づけがいい加減という問題もありますが、なによりも金融商品の流動性が大きな鍵を握っているためです。流動性が大幅に低下したときには、ある企業による資産の強制的な流動化が資産の市場価格を引き下げ、値洗いを強制されたほかの企業の価値に影響します。こうして多くの企業の資産の相関が高められ、デス・スパイラルを招くシステミックリスク（決済システム全体の麻痺）となります。これに対処するには、時価会計を見直すか、または流動性の供給が必要になるわけです。

もちろん時価会計も見直されますが、投資家への情報提供の観点から、全面的に時価会計を停止するわけにもいかないので、流動性供給が欠かせません。ようするに、**マクロ・プルーデンスをきっちり行なうためには、流動性を供給できる中央銀行が不可欠**なわけです。この点は、アメリカやEUのように、中央銀行にマクロ・プルーデンスを担わせるというのは基本的には正しい方向です。

しかし、今の日銀に任せられるかという問題もあります。金融政策との利益相反について、インフレ目標のように客観的で中央銀行の独立性を確保できるようなものがないと、いずれ問題がおこるでしょう。インフレ目標は、目標だけに政府・政治の関与を限定することによって、いつどのように金融政策手段を行使するかというキーポイントに政治関与を許さないという意味で、中央銀行の独立性を高める手段です。もちろん独立性が高まるので、目標達成できない場合の中央銀行の責任も重くなります。今の日銀は、責任回避に汲々とし、インフレ目標に反対している状況で、マクロ・プルーデンスまで任せられません。

おそらく日本は欧米の金融規制を「輸入」するでしょうが、そのときでも、財務省・日銀の我田引水を見せられるだけで、国民にとって本当にいい体制は期待できないのは不幸なことなのです。

第3章

これからの日本経済はどうなるか?

――国家再建の経済学

1　日本経済はどうなっていくか？

†増税しても景気は良くなる？

いま、日本のマクロ経済政策はどうなっているのでしょうか。

まず財政政策からみてみましょう。

財政政策では、菅エコノミクスといわれる、菅直人総理大臣の考え方が注目されています。菅総理が副総理兼財務相時代に、「増税しても景気は良くなる」という興味深い発言をしていました。総理という一国の責任者の発言なので国民生活に重要ですから、これをよく検討してみましょう。

その発言の知恵袋とされているのが、二月二六日づけで内閣府参与に就任した小野《おの》善康《よしやす》大阪大学教授です。同ポストは、小野氏の前には、年越し派遣村村長の湯浅誠《ゆあさまこと》氏が就任していました。

小野氏の経済理論は、精緻な数学モデルであり、その内容がなかなか論争的なこともあって、経済学者の間ではファンは多いようです。しかし、テクニカルな細部を除くと、オーソドックスなケインズ・タイプとさほどかわりません（ケインズ・タイプについては第2章にて詳述しています）。こうしたケインズ・タイプでは、しばしば**乗数**という、「政府支出がどのように経済に影響を与えるか」という議論がでてきます。これについて、おもしろい国会議論がありました。

二〇一〇年一月二六日の参議院予算委員会のことです。林芳正《はやしよしまさ》委員（自民党）からの「子ども手当の乗数効果はいくらか」という質問に、菅総理は答えられず、しばしば速記が中断しました。官僚から渡された資料を見て、長妻昭《ながつまあきら》厚労相が「子ども手当で一兆円のGDP増加」と答弁したのに対し、林委員は「それを子ども手当額で割ればいい」と応じました。しかし、菅総理は「乗数は計算していない」と強弁しつつ、「消費性向は〇・七としている」とトンチンカンな答弁をしました。菅総理は大学初級で習う乗数効果を知らなかったのです。

大学の経済学コースを復習しておくと、乗数効果とは、政府が公共投資などの政府支出で雇用を創出しようとするとき、〈投入額の一÷（一－消費性向）倍〉の効果がでることをいいます。政府が減税などを行なう場合は、〈減税額の消費性向÷（一－消費性向）倍〉の効果となります。

子ども手当の場合は減税と同じで、子ども手当の七割が消費に回り、それが所得になって、さらにその七割（はじめの〇・七×〇・七）が消費に回り、そのまた七割が消費に回る――という具合で、結局、子ども手当は二・三倍（＝〇・七／［一－〇・七］）の乗数効果となります。

もっとも、これはあくまで一定の条件のもとでの話で、最近の経済学研究では実際の乗数はもっと小さくなることが知られています。長妻厚労相のいうとおりなら「初年度の乗数は〇・四（＝一兆円／二・五兆円）であり、次年度以降は、教科書では二・三になるが、実際にはそれより小さい」が正解です。

公共投資や減税の乗数を習うときに、いっしょに、**均衡《きんこう》予算乗数**というのも習います。それは、「政府支出を増税で均衡させた場合にはどうなるか」という話です。増税だけであれば、逆の乗数になって景気を悪化させますが、同時に政府支出をするとどうなるかというわけです。増税の逆乗数は、〈－消費性向÷（一－消費性向）〉となります。

これを先ほどの乗数と組み合わせると、均衡予算乗数は一になります。つまり、**増税で**

公共投資などの政府支出を行なう場合、増税額だけ景気は良くなるのです。これが、菅総理のいう「増税しても使い方をまちがわなければ景気は良くなる」という話につながります。

†政府は国民よりも賢いのか？

実は、このロジックの裏にはいろいろな前提があります。

たとえば、政府支出で雇用を確保するとき、民間雇用をクラウド・アウトする（押しのけてしまう）とその効果は薄れてしまいます。さらに、現実の政府支出の乗数も、税の乗数も、これまでの実証分析によれば理論が期待しているほど高くはなく、それを組み合わせてえられる均衡予算乗数は一よりはるかに少ないか、場合によってはマイナスです。これは、菅総理の「使い方をまちがわなければ」というのは言葉では簡単ですが、実行は難しいことを意味しています。

増税して政府が国民のかわりに使い道を考えるのがいいのか、増税しないで国民が使い道を考えるのがいいのか。

政府が国民より優れていれば均衡予算乗数は一に近づきますが、逆に国民のほうが優れていればゼロに近づくか場合によってはマイナスです。

そういえば、二〇〇九年一二月、菅総理は乗数効果が一一のものがあるはずと発言したことがあります。それを国民に見せることができれば、政府が国民より賢いといっていいでしょう。

その可能性は、理論的にはありえます。公共投資の乗数は、〈一÷（一－消費性向）〉なので、消費性向が九割をこえれば、乗数は一〇を超えます。ところが、そんなものは現実にはありえません。

こんな菅エコノミクスがでてくる背景には、やはり財務省の増税路線があります。**増税路線は露骨にはいえないので、遠回しにきます。**そのキモは、**経済成長率の見方に凝縮されます。**もちろん、経済成長率は各種の経済政策の結果ですが、政治的には、成長率を先に示すことによって、財政再建の必要性をいって、次の増税となるのです。

こうした、論理が逆転した思考方法によって、政策形成への地ならし（世論作り）が行なわれているのです。

†経済成長を議論するために

ここで二〇〇九年の総選挙における自民党と民主党のマニフェスト（選挙公約）を復習しておきましょう。

もちろんマニフェストは実行されなければ意味はありませんが、マニフェストに書かれなければ実行さえもされないので、マニフェストには一定の意味があります。

自民党には、「二〇一〇年度後半には年率二％の経済成長」「一〇年で家庭の手取りを一〇〇万円増やし、一人当たり国民所得を世界トップクラス」と書いていました。「名目二％の経済成長で一〇年間の所得を二割増」と同じです。しかし、これでは、一人当たり国民所得はトップクラスにはなれずに、逆に現在の世界二〇位前後の地位からさらに落ちてしまいます。

一方、民主党には経済成長戦略の記述がありませんでした。だから、自民党のデタラメなマニフェストさえ批判できず、逆に成長戦略がないといわれる始末でした。

ようするに、**二〇〇九年の総選挙では、まともな経済成長は議論されないまま、政権交代が行なわれた**のです。

それでは民主党は今度どうするのでしょうか。

民主党の経済運営は危ういものです。この問題の根っこは、小泉政権以降曲がりなりにも存在していた経済財政諮問《しもん》会議が鳩山政権でなくなり、そのかわりと期待された国家戦略局や閣僚委員会が機能していないことにあります。私は、小泉・安倍政権で、経済財政諮問会議の裏方を務めていたので、その重要性はよくわかります。

同会議の一番の意義は、総理・官房長官・経済財政担当相・総務相・財務相・経産相・日銀総裁がメンバーに入っているので、国の大きな話——特にマクロ経済政策を議論できることです。それに、会議の後すぐに、その内容が公開されます。

国の政策では、極論すればJALが倒産したなどの「滑った転んだ話」よりも、マクロ経済政策のほうがはるかに重要です。ところが、政治家は、マクロ経済政策はよくわからないので、「滑った転んだ話」に傾きがちです。そこで、マクロ経済問題のために、総理も含めて重要閣僚を「時間拘束」することが必要になります。それが経済財政諮問会議でした。ある閣僚が私に「あそこで勉強できてよかった」といったことがありますが、そういう大切な機会なのです。

経済財政諮問会議を除いて、二週間に一度以上、日銀総裁を入れて重要閣僚が顔を会わす機会は、これまでありませんでした。さらに、マクロ経済政策の場合、ほかの分野への影響が見えにくいために、財務省や日銀が単独でやると国全体の政策の整合性が失われることが多くなります。そこで、重要閣僚が一堂に会して話し合うことが大切になってきます。そして、会議内容をできるだけ公開して、閣僚の間で「いった」「いわなかった」などの不毛な時間のムダ使いをやってはいけません。

経済財政諮問会議が、全体のカサになって財務省や日銀にタガをはめるわけです。そのなかで、総務省や経産省が動くと、国全体としての政策がうまく回っていきます。

†民主党の新成長戦略をふりかえる

ところが、先の鳩山政権では、官邸も真空状態でした。国家戦略局や関係閣僚の閣僚委員会もまったく機能しておらず、どこの誰も、この機能を果たしていません。アドホックに、閣僚間で話し合いはありますが、正式な会議ではないために議事録もなく、誰がなにを話したかもよくわかりません。

その良い例が、郵政見直しでの、亀井元郵政改革相と菅総理との間の「いった」「聞いていない」という低次元のいい争いです。あるいは高速料金の見直しの、前原国交相と党の小沢幹事長（当時）との間のいい争いも、政権内の政策決定プロセスがしっかりしていないからです。

そうしたなかで、二〇〇九年末、予算編成のどさくさまぎれにわずか二週間程度で**新成長戦略**が作成されました。その内容は、自民党議員ですらかつての自民党の成長戦略かと見まちがうほどそっくりでした。

それもそのはず、**民主党政権は経産官僚がつくったものをほとんどそのまま取り入れた**からです。かつて自民党がやっていた役所丸投げが、ふたたび民主党政権下でも行なわれたのです。

その新成長戦略では、環境エネルギー分野で、一〇年間で五〇兆円、一四〇万人の雇用創出となっていました。しかし、これでは労働者の年収が二五〇〇万円になるので、おかしいと、二〇一〇年二月一六日の衆議院予算委員会で質問が出ました。それに対し、菅総理は、五〇兆円には付加価値以外のモノも含まれると答弁しましたが、その答えは曖昧で、しどろもどろなものでした。

さらに菅総理に五〇兆円の内訳を質問してみるといいでしょう。環境エネルギーの付加価値が何兆円かも聞いたらいいのです。もし一〇兆円なら、新規雇用一四〇万人なので、労働者の年収は五〇〇万円くらいになって、さきほどのような問題はでません。

しかし、それでは、**環境エネルギーによる三%成長**、**一五〇兆円のGDP押し上げ**への

貢献は、わずか七（＝一〇／一五〇）％にすぎず、環境エネルギーが成長の柱という話はウソになります（五〇兆円なら三分の一だからたしかに成長の柱でしょう）。いずれにしても、どこかにぼろの出る話です。

†成長率の差が大増税につながる

こうした政権内の混乱を横目で見ながら、財務省は、中期的な歳入見込みや歳出削減策などを示す「中期財政フレーム」とのデカップリング（分離、切り離し）を必死にもくろんでいます。

その手はじめとして、二月、国会に提出した「後年度影響試算」では、新成長戦略の名目三％ではなく、名目二％成長を前提とした計算になっています。デカップリングのいい方は、「堅めの成長」です。これまでの政府見通しと現実値との乖離《かいり》などを根拠とすれば新成長戦略の名目三％より「堅め」の名目二％を採用できるとの読みでしょう。

これで、財務省はこのままでは財政がもたないといって、悲願の消費税引き上げなどの増税を主張するようになるはずです。

そして、増税などに関わる「中期財政フレーム」について、二〇一〇年四月六日、財務省が主導し、政府が公表した論点整理は以下のとおりでした。

ベースラインの前提としては「プルーデント（慎重）」な経済見通しを採用し、「目標」である新成長戦略の目指す成長率とは区別すべきである。「慎重な」経済見通しは、（中略）例えば、日本の潜在成長率は市場関係者から一％程度と見られていることが参考となる。

ようするに、実質経済成長率は最大一％といっているのです。インフレ率は日銀が〇―二％としているので、これまでのようにデフレでないなら平均一％。これらをあわせれば、名目成長率は最大でも二％ということになります。

鳩山政権も自民党時代と同じ、名目二％の経済成長だったのです。菅政権にかわって、新成長戦略も中期財政フレームも二〇一〇年六月には決まりますが、そこでは名目三％成長が基本となって、二〇一〇年夏の参議院選挙マニフェストになりました。しかし、物価安定目標は入っていません。

一方、自民党はどうでしょうか。二〇一〇年四月一五日「名目四％の経済成長により一〇年間で所得を五割増」と一部に報道されましたが、本当にそうなりました。

ちなみに、昨年の総選挙では、みんなの党は「名目四％の経済成長で一〇年間の所得を五割増と物価安定目標」をマニフェストに掲げていました。自民党内にはみんなの党の人気にあやかりたいばかりに、政策のパクリも辞さないという人がいたようです。

こうした名目成長率は、各党の経済政策、特に増税とおおいに関係します。このまま無為な政策を続けていけば、日本の財政状況が危ういのは誰の目にも明らかでしょう。名目成長率の差によって、財政状況を好転させるために「増収」で対応するのか、「増税」で対応するのかというちがいが出てきます。

なお、名目四％成長は世界からみれば決して高くありません。先進国クラブであるOECD（経済協力開発機構）の最近一〇年間の平均名目成長率は五・六％。日本は〇％で最下位ですが、四％になっても、下から六位くらいです。

†日銀はなぜまちがえるのか？

しかし、日銀は政府の意向なんてどこ吹く風で我が道を歩んでいます。

二〇〇九年一二月一日、日銀は、ようやく「新型オペ」といわれる固定金利オペの導入で金融緩和に踏み切りました。これはたしかに金融緩和策でしたが、二〇〇九年末に期限切れがくる時限CPオペや二〇一〇年三月末に期限切れがくる時限「企業金融支援特別オペ」（モンスターオペ）という「金融引き締め」を考慮すれば、金融緩和ではなく、現状維持です。そう考えると、二〇〇九年は、日銀はなにもやっていません。

最後の一二月一八日の金融政策決定会合で、「中長期的な物価安定の理解」の明確化ということで、物価上昇率のマイナスは許容しないといいました。しかし、二〇一〇年一月二五、二六日に行なわれた日銀政策決定会合で、白川総裁の「物価上昇率のマイナスは許容しない」というのは、口先だけであったことがわかりました。もし口先だけでなければ、金融緩和へと行動するはずでしたが、なにもなかったのです。

実際の議論の詳細は、一〇年後に公表される議事録でわかります。今公表されているのは、一九九九年開催までの分です。

筆者は、一九九八年から二〇〇一年までアメリカのプリンストン大学で研究生活を送っていました。そのころは現FRB議長のバーナンキが経済学部長であり、アラン・ブラインダー、クリス・ウッドフォード、ラース・スベンソンらの世界的な金融政策研究者がいました。そこはまさに金融政策の「聖地」といわれており、世界中から研究者が集まり、毎週どこかでセミナーが行なわれていました。そこでの研究材料は日本銀行でした。ある日、「日銀の政策決定の透明性は評価できる。中原氏の提案を除いて、すべてジャンクであることもわかった」といった人がいて、みんな賛同しました。あらためて公表された議事録を読むと、まったくそのとおりです。

一九九八年には、クルーグマン教授は日銀に量的緩和の政策提言をしており、日銀内部でも、中原委員は、一九九八年六月一二日の金融政策決定会合で唯一、その後の金融緩和を先取りして金利引き下げを主張しました。実際、その年の九月九日に日銀は中原委員の主張通りに金利引き下げを行ないました。中原委員は、その後も金融緩和を先取りする提案を行ない続けましたが、ことごとく無視されました。しかし、結果として、日銀は中原委員の提案を何周か遅れで実施しており、中原氏の提案が、彼のいうとおりに早く実施されていたら、これほどデフレが継続して日本経済を苦しめることもなかったでしょう。特に、中原委員は、一九九九年二月一二日の金融政策決定会合において、量的緩和を提案しています。これが実際に日銀で実施されたのは、二年遅れの二〇〇一年三月一九日からです。この間、デフレを意識して発言していたのは中原委員だけです。

なぜ日銀がまちがえるのかというと、金融政策の目標がはっきりしていないからです。

一九九九年九月二一日には、金融政策と為替政策について議論していましたが、日銀が物価安定目標を明確に持っていないから、こうした議論の混乱が起きるのです。数値的な物価目標がないから、デフレ時でも日銀は長期国債の買いオペはダメという「日銀DNA」丸出しの意見を日銀政策委員が平気で述べます。ある報道で日銀は一〇年前も同じように悩んでいたといっていましたが、一〇年たった今でも相変わらず数量的な目標を持たずに鼎談《ていだん》しているだけです。そうして続くデフレで困るのは国民です。

†日本の成長率は先進国中で最低である

二〇一〇年二月一六日、当時副総理兼財務相だった菅総理が衆議院予算委員会で、「一%程度の物価上昇を政策目標にすべきだ」とし、インフレ目標の導入を促しました。

ところが、二月一八日、白川総裁は、現状の枠組みは最適との考えを示し、インフレ目標の導入を否定しました。菅総理もずいぶんと軽く見られたものです。

三月二三日、日銀から二月一七、一八日に開催された金融政策決定会合の議事要旨が公表されました。ただし、これは議事要旨であって、誰がどのように発言したかがわかる議事録の公表は一〇年後です。今から一〇年も前の話ですが、量的緩和などを先んじて主張していた中原伸之氏だけが正しい主張をしており、その他の委員はとんでもない発言をしていたこと、当時中原氏はその他の委員や日銀事務局から異端扱いされていたことはすでに紹介しました。ただ、今の委員はみんな日銀事務局と同じ意見になっています。はたして、一〇年後、委員全員と日銀事務局が正しかったのか、それとも全員まちがっていたのか、どちらでしょうか。

二月一七、一八日の議事要旨がおもしろいのは、インフレ目標を議論しているからです。インフレ目標の議論では、短期的な物価の動向で政策を立案することの是非が国際的に話題になっているという指摘がありました。そして、インフレ目標の採用国と非採用国で大差がなくなっているといいます。日銀のいい分としては、「日銀ではインフレ目標を採用していないが、インフレ目標を採用しているところと変わりなくやっている」というアピールです。ただし、これは重大な点を見落としています。

たとえばアメリカはインフレ目標を採用していませんが、その物価はリーマン・ショックでマイナスになってもすぐ回復するなど、ここ一〇年間でほぼ一～三％の範囲に収まっています。一方、日本はほぼマイナスで、デフレです。しかも、日銀は目標達成までの期限を設けないので、デフレ脱却と口だけでいっても、いつまでに脱却できるという展望が開けません。それでも、アメリカのように現実にデフレになっていなければ、インフレ目標を採用していなくても誰も文句をいわないでしょう。

さらに、今回の議事要旨で驚いたことは、日銀が自らの金融政策運営を、「これまでのインフレ目標を超えたもので、世界を先取りしている」という旨の自画自賛していることです。日銀がいいたいことは、デフレは些細なことで、バブルにならないのだから、日銀の金融政策運営はまちがっていないということでしょう。

もっとも、海外から見れば、**先進国でデフレなのは日本だけで、しかも日本の経済成長率が先進国中で最低であること**を考えれば、日銀がいくら世界を先取りしているといっても、他の国はとても真似したくないでしょう。むしろ、「日銀になるな」というのが世界のメッセージです。ダメな中央銀行総裁の名前を英語で呼ぶとき、Mr. ○○というのではなく、○○-san というくらいです。

†世界の中央銀行の成績表

二〇〇〇年代の一〇年、一二〇カ月の消費者物価指数から、世界の中央銀行の成績表をつけてみましょう（図15）。

図15　消費者物価指数の推移（2000.01－2009.12）

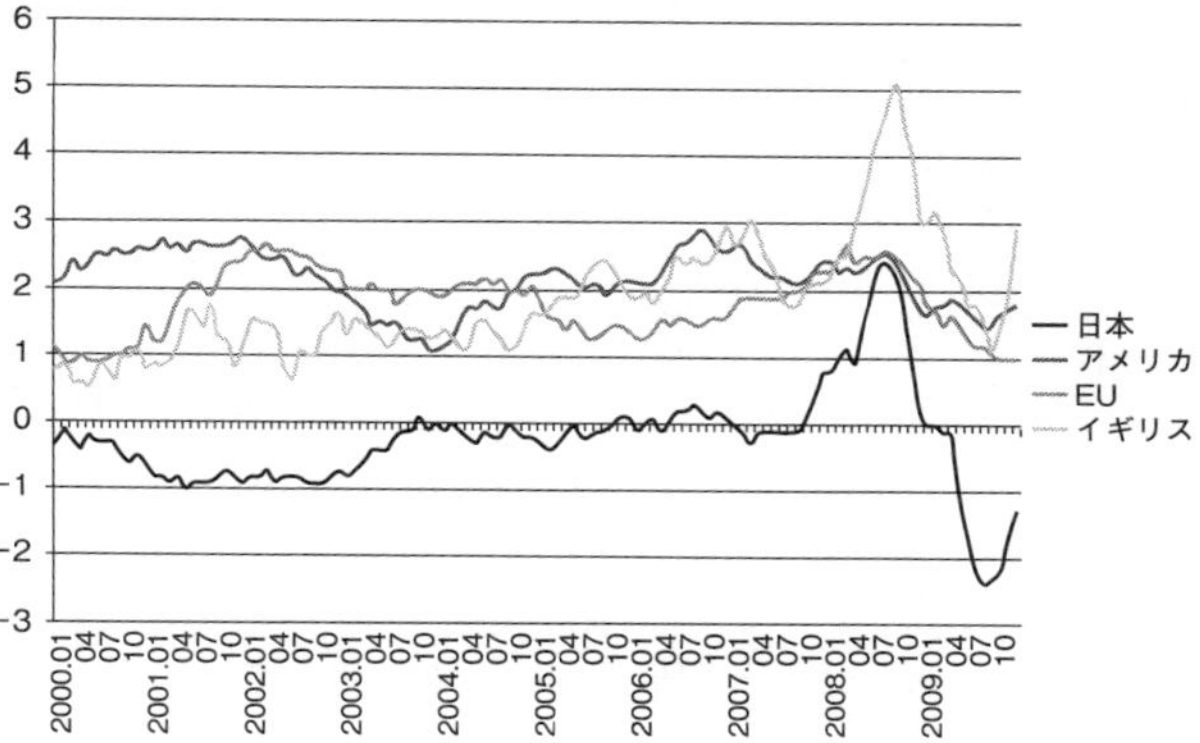

日本は、日銀のいいぶんを認めて、消費者物価（除く生鮮食品）の対前年同月比で〇％より大きく、二％より小さければ、目標達成としましょう。他の国では、二％プラスマイナス一％が目標だったり、世間相場だったりするので、その範囲なら達成とします。

これをみると、日本の達成月はわずか二～三カ月にすぎません。

打率にして一割九分。アメリカは打率一〇割、イギリスは七割三分、ＥＵは九割一分。いかに日本だけが「デフレ目標」になっているかがわかります。日銀は、鳩山政権の前から唯我独尊でしたが、ここにきてそれがますます酷くなっているのです。

これらの新成長戦略・中期財政フレーム・金融

政策のバラバラな三者は、微妙なバランスになっています。日銀がインフレ目標を拒みデフレを継続すると、名目成長はせいぜい二%。しかしそれは「堅め」の話であり、新成長戦略の目標は名目三%だから、すべての顔が立ちます。

しかし、これは増税路線であって、国民のためにはなりません。

ではどうすればいいのでしょうか。

微妙な三者のバランスを崩すには、はじっこのピンを狙うのではなく、インフレ目標二%という成功のための条件、「センターピン」を狙うことです。今の新成長戦略でも実質成長は二%なので、名目成長は四%になるのです。

こうなると、成長率のほうが金利より高くなる傾向があります。すると、成長による税収が多くなる一方で、金利負担はそれほどでもないので、借金はどんどん目減りしていきます。結局、**インフレ目標を二%にすると**、**実質金利が下がり**、**設備投資も出てくるのです。経産官僚によるヘタな産業政策も不要で**、**民需が出てきて名目四%となります。それと同時に増税なしで経済成長による増収で財政再建は達成できます。**

逆にいえば、増税を主張するために名目四%は都合が悪いので、名目二%くらいに押さえておくのです。

図16　名目成長率と長期金利（OECD 1998－2007）

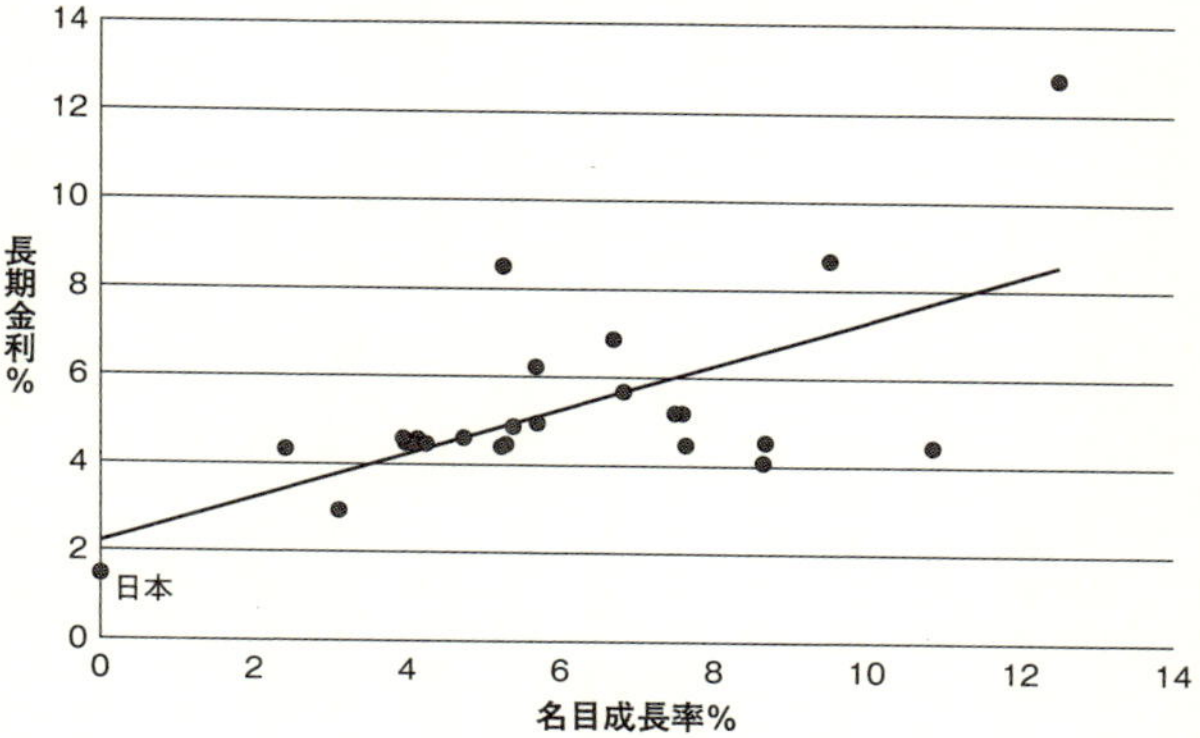

†四%の成長で財政問題は解決する

これはけっして絵空事ではなく、十分に根拠のある話です。というのは、ＯＥＣＤ（経済協力開発機構）国で最近一〇年間の名目成長率と長期金利の関係を調べると、名目成長率が四%以上の場合は、名目成長率が長期金利を上回る傾向があることがわかります（図16）。

欧米の先進国の名目成長率は平均四～五%なので、成長を着実に達成できれば財政再建を意識することもありません。このような海外から見れば、名目二%も名目三%も、言葉は汚いですが「目くそ鼻くそ」の議論です。

名目三%を「高めの成長」などと決して思わないでもらいたいのです。図でわかりますが、

OECD国のなかで名目成長率のビリは日本です。ブービー(ビリから二番目)は東西ドイツ統合による旧東独支援でハンデキャップのあるドイツです。名目三%はビリからブービー狙いにいくという程度のものでしかありません。

名目四%より低いのは、そもそも成長というべきでないでしょう。**四%が成長の黄金率であり、それより低い二%か三%などまったく議論する値のない話です。**

名目四%成長ができれば、財政問題はかなり解決します。これは比較的簡単な計算で示すことができます。興味のある国会議員は質問主意書で政府に見解を問い合わせればいいでしょう。具体的には、財務省が毎年二月に公表している「後年度影響試算」について、今年は名目経済成長率がほぼ二%で計算されていますが、これを四%に変えて、今後三年間ではなく一〇年以上の長期にわたって計算することを求めればいいのです。

そうでなくても、財政改善が経済成長の後からついてくるのは、小泉政権の後半から基礎的財政収支が急速に改善したことを思い出せば、理解できます(図17)。

二〇〇三年度に二八・四兆円の赤字であった日本の財政(BS)は、歳出カットもあり、二〇〇七年度にはわずか六・四兆円の赤字までに回復しました。収支均衡まであと一歩のところまでになったのです。二〇〇四年度から二〇〇七年度にかけて、名目成長率は平均

図17　名目 GDP と基礎的財政収支（PB）（実額、兆円、2000－2010）

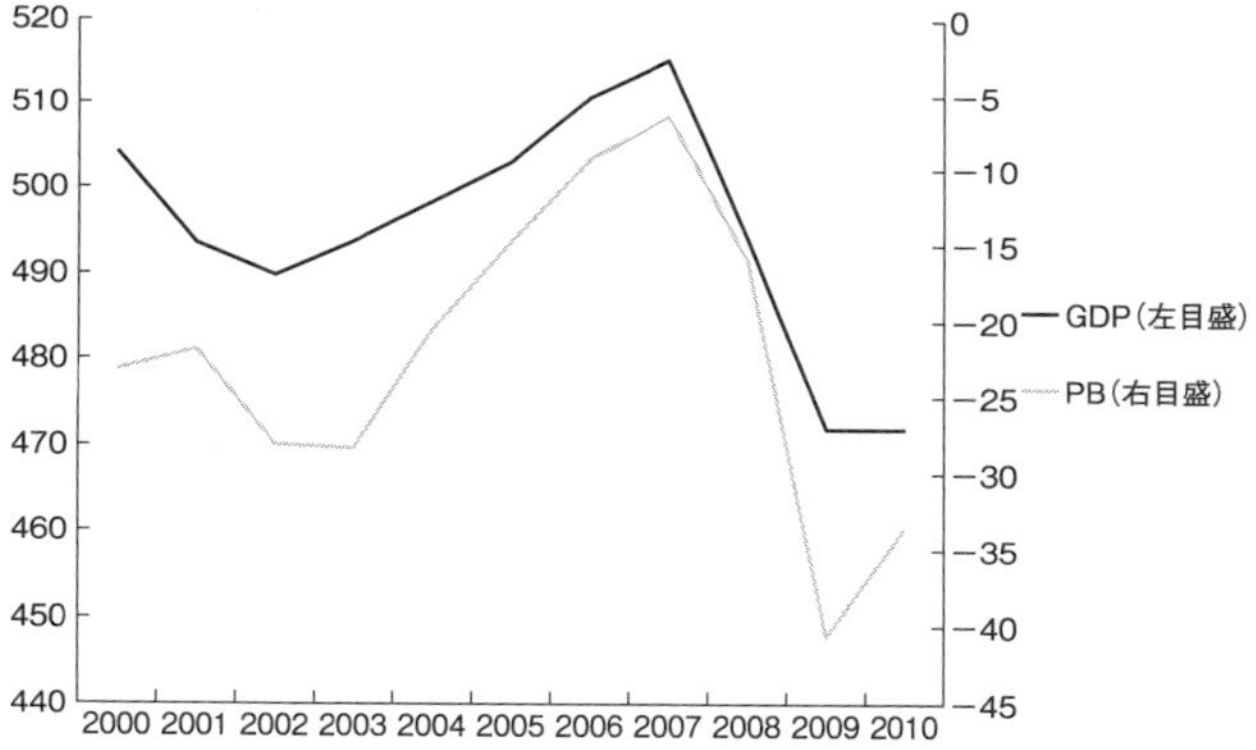

で一・一％にすぎませんが、二三兆円も基礎的財政収支は改善しました。

もし、その間名目四％成長であったら、二〇〇七年度には基礎的財政収支（PB）は、数兆円程度の黒字であったはずです。名目四％成長なら、少しの歳出カットさえあれば、増税なしで一〇年後には基礎的財政収支の黒字化が達成できるでしょう。

一方、名目三％成長では、基礎的財政収支は容易に改善しません。この場合、筆者の計算では一〇年の間に少なくとも一〇％以上に消費税増税が必要になるはずです。

増税が必要かどうかは、名目四％成長ができるかがカギです。そのためには物価安定目標などのマクロ経済運営と、成長戦略などの先進国並みの運営が欠かせません。先進国並みの経済運営ができると期待して増税なしを選ぶか、それとも、そんな経済運営はありえないので消費税増税一〇％を選ぶのか。この二点が、二〇一〇年の参議院選挙での政治争点になってきます。

2 日本はなぜ正しい金融政策を行なえないのか？

†デフレ議連の衝撃発言

金融政策をみると、民主党内で興味深いことがおこっています。

二〇一〇年三月三〇日、デフレ議連「デフレから脱却し景気回復を目指す議員連盟」（会長松原仁《まつばらじん》衆院議員）が民主党の衆参議員一三〇人以上を集めて結成されました。

第一回会合には、二〇〇八年に民主党が拒否権を発動して〈幻の日銀総裁〉となった武《む》藤敏郎《とうとしお》元副総裁（元・財務事務次官）が講師に招かれました。「金融政策の余地がなくなったというのはオーバーで、手段はまだある」などと、白川総裁に鬱憤《うっぷん》を晴らすような発言をして、やんやの喝采《かっさい》を浴びました。

この会合には浜田宏一エール大学教授もメッセージを寄せ、「ゼロ金利近辺では貨幣と短期国債はほぼ同じになるので、短期オペはほとんど効果がない。三月の日銀定例会合は、効かない短期オペ（新型オペ）を使って『金融政策一般も効かない』という口実の演出をしている」と痛烈に日銀を批判しました。

四月六日の第二回会合には、連合会長の古賀伸明《こがのぶあき》氏、元・東京商工会議所副会頭の中西《なかにし》真彦《まさひこ》氏、そして私が招かれ、順番に講演を行ないました。その日は、国会がのびて午後三時スタートの予定が四〇分遅れではじまりました。

古賀会長は午後四時一〇分までしか時間がなく、あわただしい形でスピーチを行なったのですが、その最後に注目すべき発言をしました。「（アメリカの中央銀行の）ＦＲＢでは、雇用の最大化が政策目標に掲げられている。ところが日銀法には雇用への配慮が掲げられていない。日銀も雇用に対する一定の責任を果たすことを明文化すべきだ」と発言したのです。

これに経済企画庁（現・内閣府）出身の金子《かねこ》洋一《よういち》参院議員が「物価が下落することと失業率が上がることはフィリップス曲線のように（逆相関）関係があるが、会長の講演は『デフレは許せない』と解釈していいか」とたたみかけ、会長から「今のような状況は困る」との回答をえました。議連会長の松原仁衆院議員も、日銀法の問題かとただします。それに対し古賀会長は、「日銀も雇用に対する一定の責任を果たすことを明文化すべきだ。

これはグローバルスタンダード」と答えたのです。

ポイントは、古賀連合会長が日銀法の改正を示唆したことです。筆者は聞いていて腰を抜かすほどびっくりしました。事前に配付された資料にも、このことは触れられていなかったのです。こうした発言は労働界トップとしてははじめてだと思います。

もっとも、経済理論からみれば、この発言は正しいです。**金融政策は雇用と大いに関係しているから**です。GDPギャップがあると物価が下がり、GDPギャップがあると失業が増える。物価と失業の関係は、GDPギャップを通じて、反比例の関係になっている。これは、経済学で**フィリップス曲線**といわれるものです。

†物価が上昇すると失業率は減る

デフレを脱却して、物価上昇率をプラスにするというのは、雇用面からみれば失業率を下げることと同じになります。この意味で、古賀会長の発言はきわめてまっとうです。

なお、筆者の講演資料には、世界の中央銀行は、

①物価安定を目的としてインフレ目標がない国（日本）

②物価安定を目的としてインフレ目標がある国（ヨーロッパなど）

図18　物価上昇率と失業率の関係

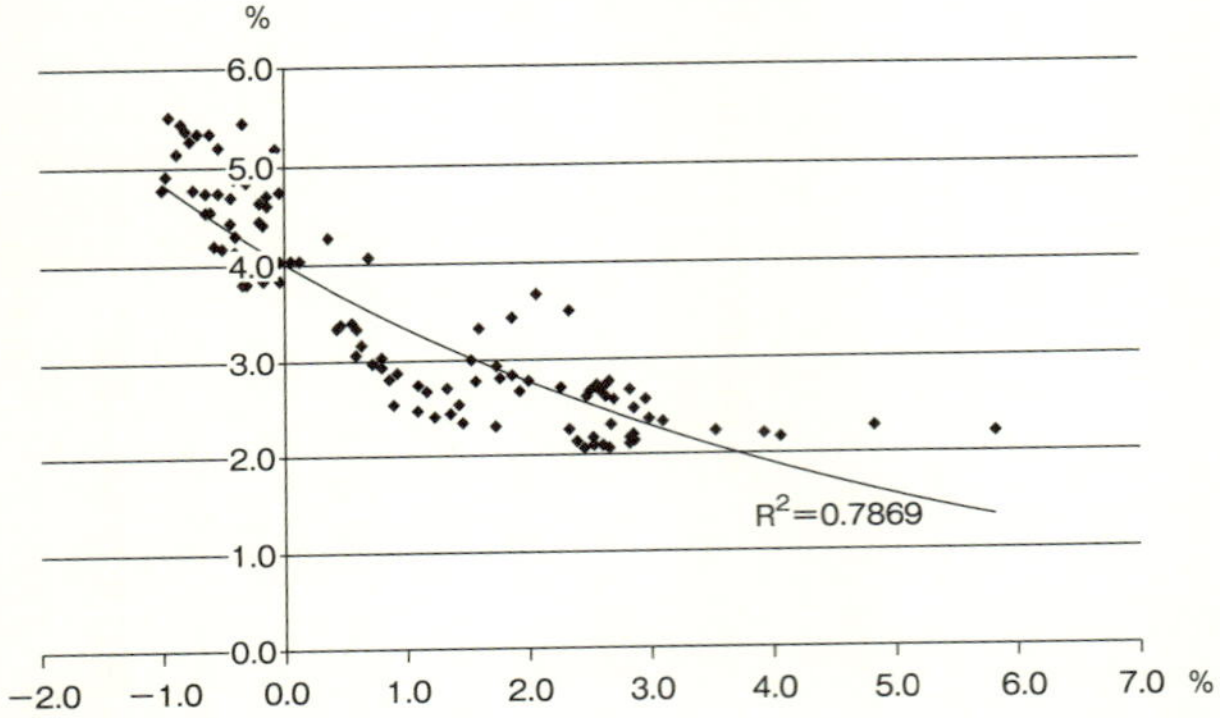

③物価安定と雇用確保を目的としてインフレ目標がない国（アメリカ）

に大別できることや、ＦＲＢの雇用最大化の根拠条文を記載していたので、期せずして古賀会長をよりサポートすることとなりました。その他に、「雇用の話は厚生労働省に頼むより日銀のほうがいい」とか、「へたな補正予算を組むより、日銀のほうが強力な対策ができる」という話をしました。

これは、当日の筆者の講演資料のなかの図です（図18）。

物価上昇率と失業率の関係の背後には、ＧＤＰギャップと失業の関係、ＧＤＰギャップと物価の関係があるので、次の図もありました（図19～21）。

図19　GDP ギャップと失業率

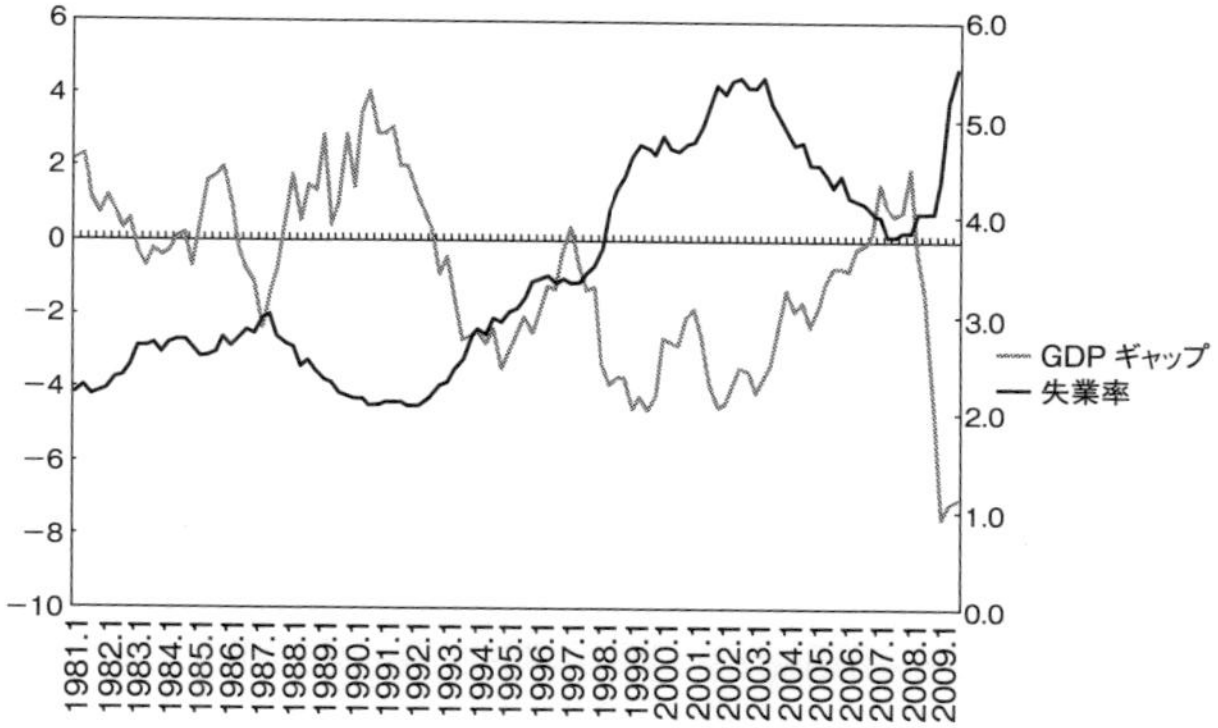

図20　GDP ギャップとコア CPI

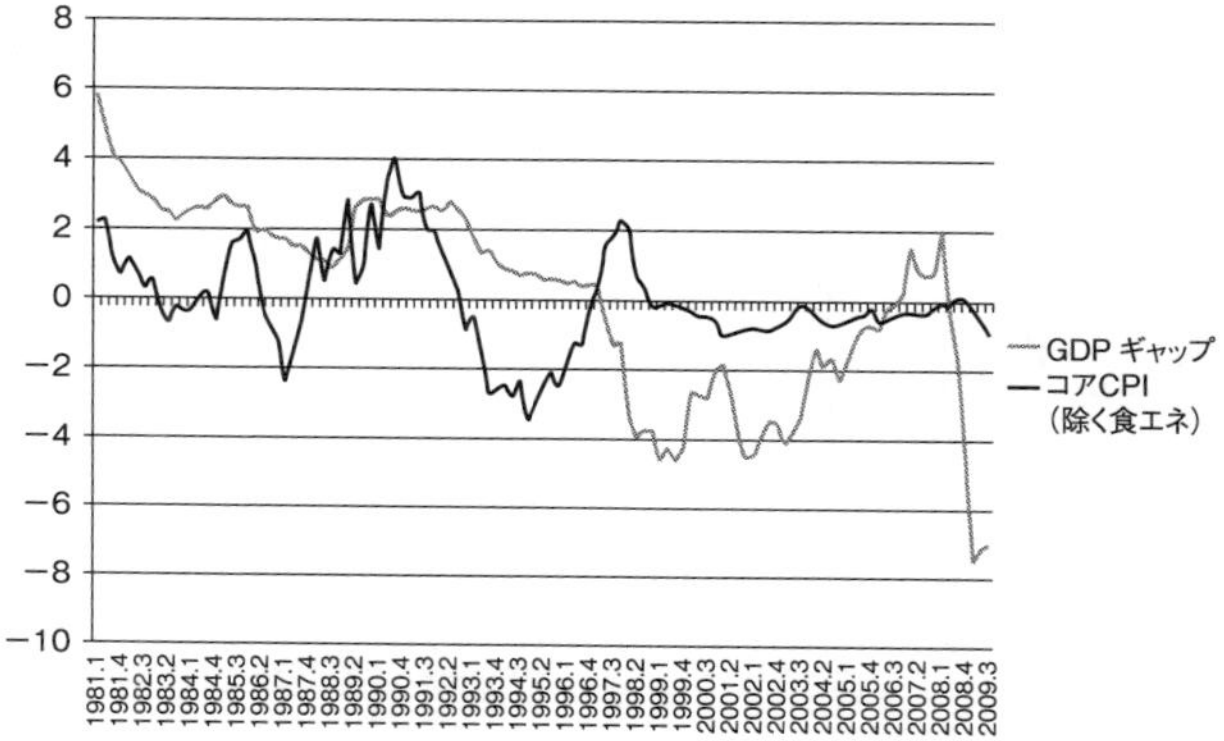

図21　GDP ギャップと雇用者報酬

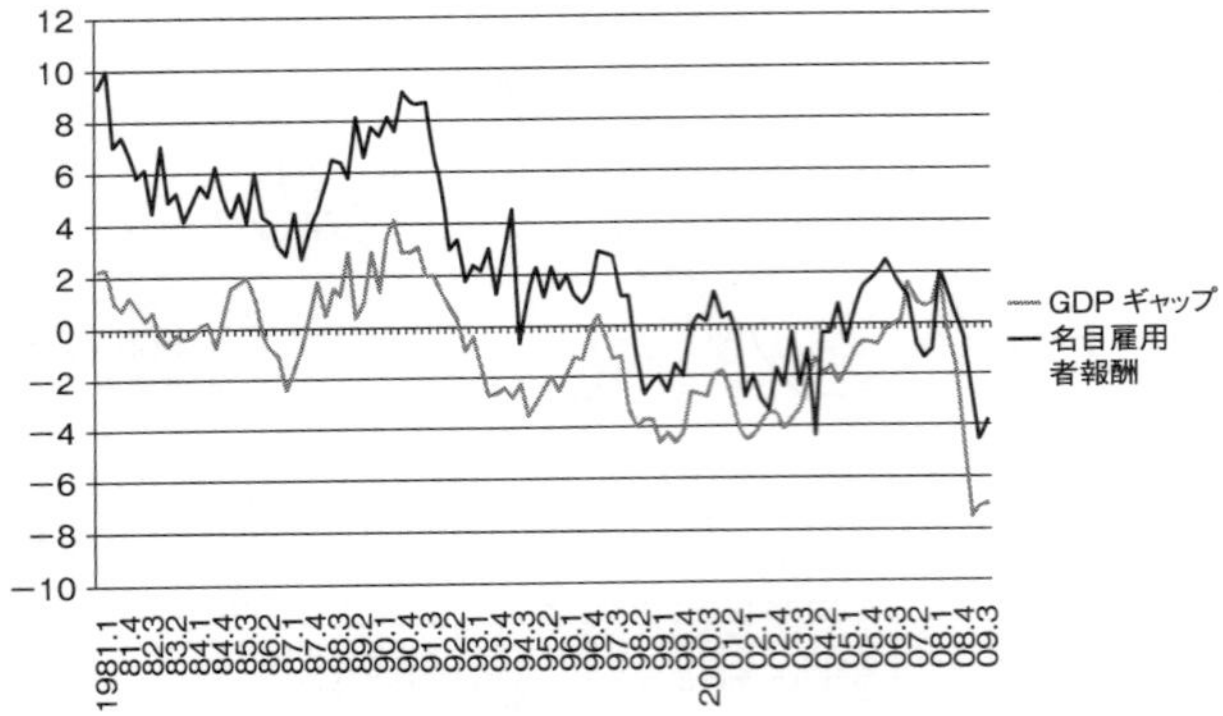

古賀会長の発言は、日銀にとっても寝耳に水だったようです。

いうまでもなく連合は民主党の最大支持基盤です。その前日の五日には、政府・連合トップ会談ということで、古賀会長は鳩山元首相とも会っています。その古賀会長が日銀法の改正を示唆したことは、日銀にとって衝撃だったでしょう。白川総裁がむきになった心理が、手に取るようにわかります。

†自己規制のすすむメディア報道

ところが、この重大発言を報道したメディアはほとんどありませんでした。この会合はメディアにフルオープンで、数社の記者が聞いていたにもかかわらずです。あまりの重大発言に、メディアが大切なネタ元である日銀の窮地を察して自己規制してしまったとしか思えません。

記者クラブ問題や小沢一郎報道などもあって、最近、メディアと政府当局との関係が関心を呼んでいます。私自身は、かつて当局サイドにいて情報発信側だったので、その観点から日本のメディアを見てきました。

正直いって、メディアの扱いは簡単でした。筆者の思惑のまま、当局側のいうとおりに報道してもらうからです。特に、海外との比較などをちょっとした紙の資料にして渡すととても喜ばれ、そのまま転記してもらって記事になることが多かったのを覚えています。当然メディアに流す情報は役所にとって好都合のものです。当局の意に反した情報は、ほとんど報道されません。

筆者の疑念を裏づけるような出来事が、翌七日にもありました。

この日は、日銀の金融政策決定会合が開かれました。政策金利の無担保コール翌日物金利について、政策委員が全員一致で現行の年〇・一%程度にすえ置くことを決定しました。そのことは各紙が大々的に報じています。しかし、この記事自体、私からすると日銀の広報活動にしか見えません。

当日の総裁記者会見で、「需給ギャップとインフレ予想が重要である」と白川総裁自らが言及しています。では、なぜ日本の需給ギャップが他国より回復が遅いのか、他国ではインフレ予想が正常化しているのに、日本ではマイナスのインフレ予想、つまりデフレ予想が継続しているのか、肝心なポイントを質問する記者がいないのです。

さらに、記者会見の最後、前日六日の古賀連合会長の日銀法改正についての質問がありました。この記者の問題意識は高いようです。記者会見のなかで唯一まともな質問であり、白川総裁の答えはかなり動揺していました。しかし、このやりとりはほとんど報道されていません。意図的としか思えないことですが、この部分の会見要旨をカットしている大手新聞もあるほどです。

†雇用の最大化はどう実現されるか？

民主党の「デフレ脱却議員連盟」は、民主党の支持団体である連合も巻き込んで、物価上昇率に目標値を設けて金融政策を運営するインフレ目標の導入のほか、金融政策の目標に「雇用の最大化」をくわえるよう提言しました。これには日銀も驚き、なりふりかまわぬ反論にでています。

二〇一〇年四月六日の民主党デフレ脱却議連において、古賀伸明連合会長がFRBのように雇用確保を目標につけくわえる日銀法改正に言及しました。翌七日、日銀政策決定会合後、これについての質問がありました。

白川総裁は「FRBについては、一九四六年、第二次世界大戦が終わった直後に、政策目標として雇用の最大化（maximum employment）という言葉が入りました。これは、当時の時代の空気、雰囲気を反映していたと思います。ただ、現在では、FRBが自らの金融政策の目的を法律に則して説明する時には、物価の安定と経済の持続的成長という二つのかたちで説明しています。そして、雇用の最大化というものはこの経済の持続的成長によって実現される、雇用の最大化は第三の目標ではなく経済の持続的成長のなかに包含されるという理解をされています」と答えました。

前半の経緯はいいです。ところが、後半の「雇用の最大化は経済の持続的成長に含まれ、物価の安定と経済の持続的成長の二つで金融政策を説明する」というのはデタラメです。

実際に、FRBのホームページをみてみましょう。

そこにFRBの責任という質問があり、それに対する答えとして、FRBは四つの責任があるとしています。その第一に、「完全雇用と物価安定を目指して金融政策をする」と書かれています。なお、その他は、金融機関の監督・規制、金融システムの安定化、政府の銀行です。

また、FRBのホームページには、バーナンキFRB議長らの講演録なども掲載されています。そのなかに、「**FRBは、持続的な雇用の最大化と物価の安定という二つの任務(dual mandate)をもっている**」と書かれています。FRBの二つの任務は、金融論の学者であれば、誰でも知っていることです。白川総裁がこんな杜撰《ずさん》な説明をするとは、日銀法改正という古賀発言によほど困惑しているのでしょう。

†バランスシート拡大の効果

先述したように、古賀会長の日銀法改正で、「日銀の政策目標に雇用維持を」という話の背後には、「物価と失業率は逆相関の関係にある」ということを示した、経済学では有名な「フィリップス曲線」があります。

各国の中央銀行のバランスシートの動きを見ると、日銀以外は規模を拡大させていますが、日銀だけが拡大させずに逆に縮小しています。そのうえで、日本以外の国では、財政政策と金融政策によって、リーマン・ショックで生じたGDPギャップを埋めていますが、日本だけは金融政策が不十分でGDPギャップが埋まっていません。**これは、なぜ日本が**

リーマン・ショックの直撃も受けなかったのに、経済の落ち込みが大きいのかをよく示しているので、国会でも多数の議員に取り上げられ、白川総裁に対して質問が行なわれました。

白川総裁は、ＦＲＢのバーナンキ議長の言葉を引用して、「バランスシートのサイズでもって政策を判断しないでほしい」と反論しています。日銀事務方からも、「社債スプレッド（社債の利回りから国債の利回りを引いたもの。格付けの低い企業ほどスプレッド幅が大きい）が拡大するなどによって市場が壊れたから、欧米はバランスシートを拡大しましたが、日本はそうでないから拡大しなかった」と、資料を使ってマスコミに説明していました。

これがまったくまちがっているとはいいませんが、**バランスシートの拡大は、金融・資本市場の毀《き》損《そん》を直すというのとは、別の効果があったことは言及していません。それは、インフレ予想を高め、実質金利を低下させ、マクロ経済でのＧＤＰギャップを埋めるという効果です。**ようするに、ＦＲＢのバランスシートの拡大は、マクロ経済での対応とミクロ経済での金融・資本市場の修復という、一石二鳥を狙った政策と考えるのが自然でしょう。

この点をデータ分析によって検証してみましょう。

図22　各国予想インフレ率（BEI）の推移（2008.9＝0）

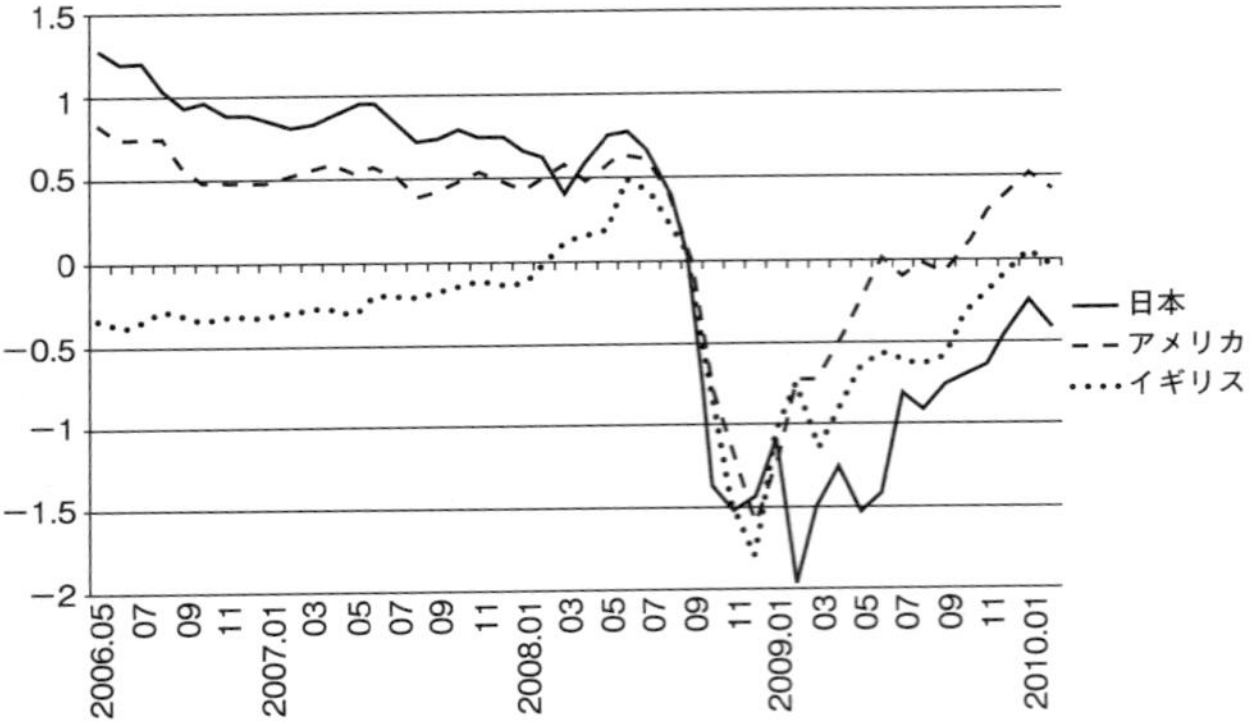

リーマン・ショック直後、GDPギャップが拡大し、市場におけるインフレ予想値が急落しました。ようするにデフレへの危険です（図22）。

ところが、欧米の中央銀行は、すぐにバランスシートを拡大し、市場の毀損に対応するとともに、GDPギャップを縮小させるためにインフレ予想を従来水準へ復帰させようとしました。一方、日銀はバランスシートの拡大を行ないませんでした（図23）。

リーマン・ショックは世界各国を同時に襲ったので、各国の金融政策の差があれば、それが経済パフォーマンスの差になるはずです。経済では、他の条件を同一に管理したうえでの実験はできませんが、リーマン・ショックのようなことが起きると、あたかも社会実験のようなことが観察でき

図23　各国中央銀行のBS推移（2006.5＝1）

るのです。

ここでは、二〇〇六年四月から二〇一〇年三月までの日米英におけるインフレ予想率と中央銀行のバランスシートの変化の推移を分析します。ただし、インフレ予想率は、各国の一〇年国債と一〇年物価連動国債の利回り差――つまりブレーク・イーブン・インフレ率とします。すると、インフレ予想率の動きは、リーマン・ショックと中央銀行のバランスシート規模によって、ほとんど説明できることがわかりました（図24）。

リーマン・ショックという**世界共通の出来事**からみると、**中央銀行**のバランスシートの**変化は**、デフレにさせない**効果**があることがわかるのです。

ちなみに、その効果ですが、インフレ予想率の高まりで計れば、日銀は一〇兆円拡大させると

図24　各国のインフレ予想率の回帰分析（カッコ内はｔ値）

	定数	中銀BS(6カ月ラグ)	リーマン・ショック	決定係数
日本のインフレ予想率	-1.36	1.89 (1.43)	-1.77 (-14.9)	0.86
米のインフレ予想率	1.59	0.74 (7.49)	-1.46 (-12.1)	0.80
英のインフレ予想率	2.81	0.42 (3.77)	-0.98 (-6.36)	0.53

〇・一五％、米ＦＲＢは一〇〇〇億ドル拡大させると〇・〇九％、英ＢＯＥは一〇〇〇億ポンド拡大させると〇・五％、それぞれ高めることができます。また、各国におけるリーマン・ショックの影響ですが、これもインフレ予想率で計ると、日本では一・七七％低下、米国では一・四六％低下、英国では〇・九八％低下です。

このような世界的なショックに対して、日銀はバランスシートを拡大させなかったので、海外の経済回復という他力本願により輸出増になってＧＤＰギャップが縮小し、徐々に物価は上がっていくでしょう。一方、アメリカは、ＦＲＢがバランスシートを一・一二兆ドルほど拡大させて、一・一％ほどインフレ予想率を回復させています。イギリスは、ＢＯＥがバランスシートを一三〇〇億ポンドほど拡大させて、〇・七％ほどインフレ予想率を回復させました。

このような数値分析を、日銀がわからないはずがありません。

なにしろ日銀は海外に多数の職員を留学させて、博士号の取得者も多くいます。ところが、そうした知識は日銀組織防衛のためにしか使わないし、もし日銀批判でもしようものなら、大きなペナルティが待っているのです。

これについては日銀職員なら誰でも知っている有名な話があります。ある日銀職員が、経済雑誌に「日銀は長期国債を大量に買うべし」という論文を発表したところ、貨幣を洗浄する部署に異動させられたのです。たとえ政策論であっても、日銀が国債を買うのは、財政を支援する＝財務省の手先となる悪辣《あくらつ》な行為なのです。こうした日銀の掟を破る者は、見せしめにあうわけです。

というわけで、本書が再三にわたって指摘してきた、「**日銀は、国債などの購入により量的緩和を行ない、バランスシートを拡大させれば、デフレから脱却できる**」という主張に反論できないでしょう。その一方、ＦＲＢのバランスシート拡大はちがう目的だという議論のすり替えばかりを行なって、行なうべき責務から逃げようとしているのです。

†強力な量的緩和でデフレは脱却できる

こうしたなかで、二〇一〇年四月二六日、日本を代表すべき経済紙である日本経済新聞から驚きの日銀擁護の社説がでました。

「ゼロ金利政策の開始から一一年たつのに、この間、デフレ基調が続いた事実を考えれば、金融政策には限界がある」「金融政策を中心に物価を二%まで上昇させようとすれば、あしき副作用も懸念される。たとえば市場のインフレ予想を高め国債金利の上昇を招く恐れも否定できない」と、唖然とする内容です。

まず、日経社説は、デフレを容認していますが、もっと強力な量的緩和を実行していれば、リーマン・ショック後の欧米の例が示すように、日本もデフレにならなかったでしょう。物価が二%になると、「あしき副作用」が懸念されるといいますが、リーマン・ショック後の欧米で、そうした副作用があるのでしょうか。

ようするに、日経社説は「デフレ歓迎」なのだから、驚いてしまいます。デフレだと、いくら名目金利が低くても、実質金利は高くなるので、債務者には不利です。日経が巨額の債務を抱えているのは周知の事実ですが、名目金利の低さしか見えずに、実質金利の高さがわからないとすれば、経済紙失格です。

ここまで日銀の金融政策を持ち上げるのは、なぜでしょうか。ひょっとしたら、日銀から情報ネタをもらう立場の日経新聞は、上の日銀職員のように、批判記事を書くと情報ネタを止められるなどの見せしめを受けるのでしょうか。

日経社説の前の二二日の、日銀の白川総裁の講演にも吹き出しました。ニューヨーク市内のエコノミック・クラブ主催の会合で講演し、インフレ率だけに注目する金融政策は「時代遅れになっている」との考えを示したのです。

日経社説は、日銀の説明を鵜呑みにして、「日銀は精一杯頑張ってきたが、デフレから脱却できなかった」といっており、日銀のインフレ率の管理がうまくできなかったことを前提にしています。そうなると、インフレ率だけを目標とするのは時代遅れという白川総裁の発言をうまく説明できなくなります。インフレ率さえうまく管理できないのに、その他のものまで目標とすることは日銀の手に余るからです。といって、インフレ率さえ達成できない日銀が他のものまで手を出すのはおかしいということも、今のマスコミには日銀に恐れ多くていいえないのでしょう。

しかし、強力な量的緩和さえすればデフレは脱却できるのに、デフレから脱却しそうになると金融引き締めを行なうなど、日銀は「デフレ・ターゲット」をとっているとみれば、白川総裁の発言の意図はみえみえです。

日銀のインフレ率の管理技術は、先進国中央銀行のなかでも群を抜いており、ほぼマイナス一％から〇％の間に納めています。その「デフレ・ターゲット」がばれそうになったから、目標はインフレ率だけでないといいはじめたのです。

†日銀は成長分野に資金提供できるのか？

そして、極めつきは、二〇一〇年四月三〇日の金融政策決定会合です。

日銀は、「経済成長の基盤強化を促す新たな資金供給策を導入する」とし、環境・エネルギー関連の研究開発や設備投資などに融資する金融機関に、低利の資金を供給することとなりました。日銀は、政策金融機関になりたいのでしょうか。

まず、その前提となっている「経済・物価情勢の展望」（展望リポート）を見ると、二〇一一年度の消費者物価指数（除く生鮮食品）を、一月公表のマイナス〇・二％からプラス〇・一％に上方修正しました。となると、二〇一一年度にはGDPギャップが解消しているとみているのでしょう。そのために、必要な実質経済成長率は五％程度とかなり高めです（図25）。まあ、これまでと打って変わった野心的な試みであるので、これはよしとしましょう。

問題は、日銀が成長分野に資金供給できるかです。

三〇日の記者会見では、白川総裁自らが「オーソドックスな中央銀行の業務でない」と白状しています。日銀が、産業の目利きになれるはずはないので、インフレ目標を設定し

図25　現実GDPと潜在GDP等の推移（四半期ごと）

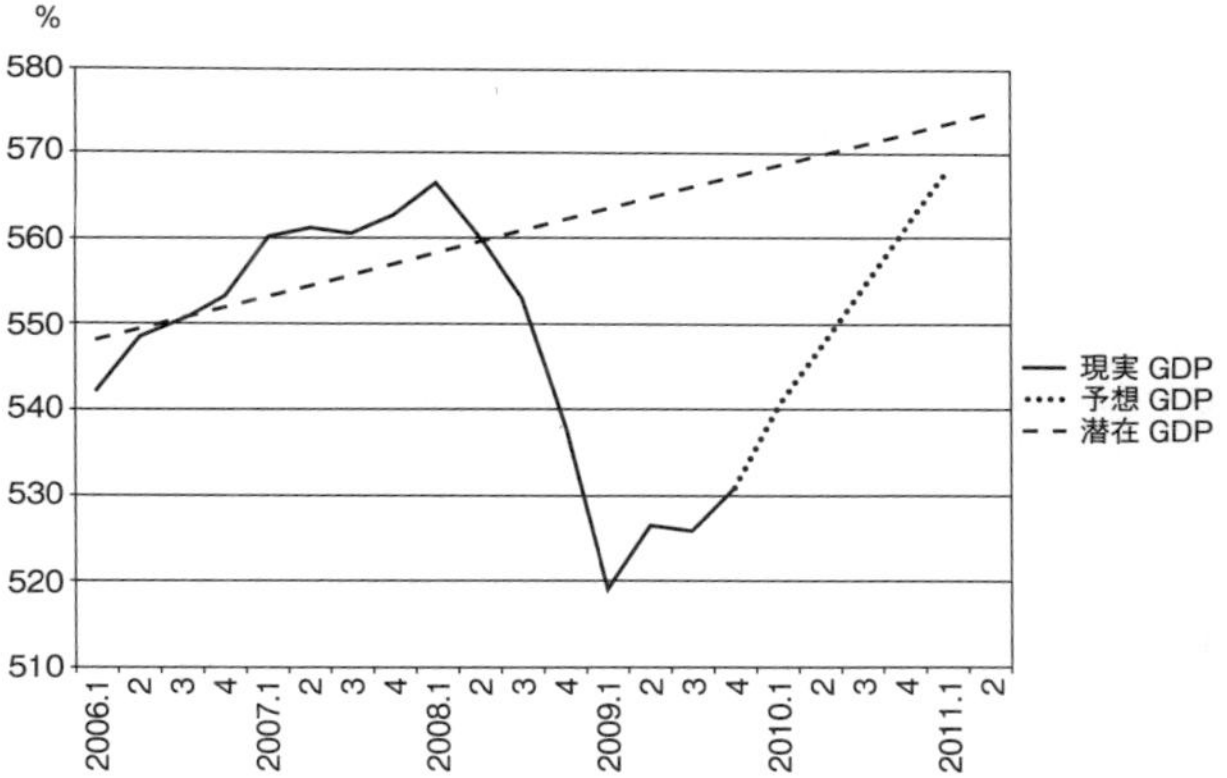

て量的緩和をすることが筋でしょう。量的緩和のなかで、民間金融の目利き能力を信用すれば、自ずと成長分野に資金は流れていきます。また、デフレを脱却するためにインフレ予想率をプラスにもっていくためには、前述の経済分析によれば、海外要因なしでも四〇兆円ほど量的緩和すればいい。そのなかで、どのような産業へ資金を流すのかは民間金融機関に委ねて、成長分野を育てればいいのです。

三〇日の新しい資金供給策は、民主党からの要求の強いインフレ目標を受け入れたくないばかりに、日銀が奇策を弄《ろう》したとの批判もあります。日銀はすなおに、インフレ目標とその結果としての量的緩和を受け入れた方がいいのです。そうした中央銀行の本業をおろそかにして、慣れない目利きや政策金融をやるべきではありません。なににもまして、日銀は優れたインフレ率の管理技術があるのだから、それを生かさない手はないのです。

いま必要なのは、日銀に対して適切なインフレ率の目標を与えてあげることです。

もちろん、これは政治主導でかまいません。目標を与えたうえで、その達成の手段は日銀の独立性を護らなければいけない。どんな組織でもきちんとした成果目標をあたえないと、とんでもない方向に走ってしまいます。日本経済のためにこうした悲劇は避けなければいけません。

†金融政策は財・サービスだけを目標としていいか?

なお、金融政策は財・サービスの物価だけを目標としていいかどうかは、理論的には問題となりえます。

というのは、家計・企業・政府(一般の政府と中央銀行の統合政府を考える。ただし、簡単にするために一般政府は重要な役割を果たさず、統合政府は中央銀行とする)の三者からなる社会を考えてみましょう。

この関係は、図26のように式展開することができます(岩田規久男『まずデフレをとめ

図26　ワルラス法則とミクロ主体予算制約式

P1：財価格，y：材供給，c：財消費，r：債券利回り，P2：債券価格，b：家計保有債券，bf：企業保有債券，bc：政府保有債券，W：賃金，ls：労働供給，ld：労働需要，MS：マネー供給，MD：マネー需要，S：通貨発行益

家計の予算制約式は，

$$W(t)*ls(t)+(1+r(t))*P2(t)*b(t-1)+MD(t-1)+S(t)=P1(t)*c(t)+MD(t)+P2(t)*b(t)$$

企業の予算制約式は、

$$P1(t)*y(t)=r(t)*P2(t)*bf(t-1)+W(t)*ld(t)$$

政府の予算制約式は、

$$MS(t)+MS(t-1)+r(t)*P2(t)*bc(t-1)=S(t)+P2(t)*(bc(t)-bc(t-1))$$

となる。

$$MD(t-1)=MS(t-1),\ bf(t-1)=b(t-1)+bc(t-1)$$

が常に成り立つので、

$$P1(t)*(y(t)-c(t))+P2(t)*(b(t-1)-b(t))+P2(t)*(bc(t-1)-bc(t))+W(t)*(ls(t)-ld(t))$$
$$=MD(t)-MS(t)$$

となる。

よ』〔日本経済新聞社、二〇〇三〕第六章を参照）。

　また、これをさらに、多期間に拡張して、動学的に考えることもできます。

　これからわかることは、**マネーの超過供給は、通貨発行益を経由して、財の超過需要を生み出している**ことです。図26は簡単ではありますが、通貨発行益の効果を明らかにし、具体的な政策を考察するときに有用です。

　たとえば、中央銀行による国債買入を行なった場合、実務的に財政政策を行なわない（Gを

一定）とすれば、通貨発行益による市中国債の償却になってしまうわけですが、そうなると資産市場にのみ影響がでるでしょう。

ただし、これは、資産市場（資産の売買や貸し借りをする市場）への規制ということで対応できます。また、実務的にはそのほうが効果はあるはずです。その結果、資産価格だけが上昇することを防ぎ、資産価格の上昇の効果が長期的に財市場（財やサービスの市場）に影響するようにできるでしょう。

これらを前提に実際的な政策を考えると、財市場に直接影響を与えるほうが効果的です。そのためには、減税（MONEY－FINANCED TAX CUT＝国債買入［通貨発行］＋減税）がより望ましいことになります。この意味では、金融政策だけでなく、金融政策と財政政策の合わせ技がより効果的です。

筆者はかつて「日銀が量的緩和をしないならば、政府が政府紙幣を発行してもいい」という政策提言を行なったことがあります。これに対してトンでもない政策といわれました。不謹慎な話だというのです。

もちろん、今の制度で政府にも紙幣の発行権はありますから、現行法の枠内でも可能な話です。さらに、通貨発行益によって、ゼロ金利でも（長期金利がゼロではないので）量的緩和をすれば必ず物価が上がることをいいたかったのです。政府紙幣なら、通貨発行益がそのまま財政収入になって物価を押し上げることを想像するのは容易です。長い目でみれば、政府紙幣も日銀券も同じ経済効果になりますので、政府紙幣の発行も日銀券が増刷される量的緩和も同じ効果のはずです。もちろん政府紙幣は通貨発行益が一気に財政収入になるのに対して、量的緩和では通貨発行益は毎期毎期少しずつ財政収入になります。

こうした量的緩和の話をすると、どこに貸し出されるのかという質問がかならずあります。この種の質問は、マクロ政策とミクロの経営の混同の典型例です。あえて答えれば、真の起業家にしかわかりません。量的緩和によってインフレ予想が高まり、その結果実質金利が低下します。そこまではわかりますが、その資金がどこに投資されるかは、儲かるところとしかいいようがないでしょう。それがわかっていれば、儲け話なので誰にもいえない企業秘密でしょう。

3 日本の未来はどうなるか？

†日本経済は破綻しない！

一方、「日本が破綻するのではないか」という話もよく出てきます。実はこうした話はこれまでもよくありましたが、今度こそ本当だというのです（これまでも今度こそでした！）。それが、インフレ目標といっしょになって議論されることもあります。

まず、重要なのは言葉の定義をしっかりしておくことです。

たとえば、日本が破綻するという人は、「国の破綻とは国債の暴落だ」というケースが多いです。では、国債の暴落とはなにかといえば、もちろん、国債価格が急落することです。

典型的な一〇年国債について、現在の金利は一・四％程度ですが、もし五％になれば、国債価格は二五％以上も低下します。あるいは金利が一〇％になれば、国債価格は五〇％

以上も低下します。

しかし、暴落とは、どのくらいの期間で国債価格が何パーセント低下することをいうのでしょうか。これを明確にしない限り、議論をしても意味がありません。

二五％くらい低下することを「暴落」というのなら、もし日本経済が本格的に回復すれば確実に「暴落」します。つまり、日本がノーマルな成長をして名目成長率が四～五％になれば、国債金利も四～五％くらいになるからです。

ただし、その場合にはGDPも増え、税収も上がっているので、財政問題は改善しています。事実、かつて名目成長率が四～五％のときには、国債の金利が四～五％であっても、財政問題は生じませんでした。

現在のデフレ状況——、すなわち「名目経済成長率がゼロまたはマイナスの世界」に慣れ親しんでしまい、金利の上昇に敏感になりすぎている人が多いというのが実態なのです。

なお、インフレ目標になると、金利が上昇するから問題だという人もいます。名目成長率と金利は同じような動きになるから、名目成長率が上がるのは問題だといっていることになってしまう。これはおかしな話です。

†国が破綻するとはどういう状況か？

では、**国が破綻する**とは、一体どういう**状況**を考えたらいいのでしょうか。

一つの有力な考え方としては、**債務残高対名目GDP（政府純債務残高）**がどんどん**大きくなって、発散的に増加する状況**です。たとえば国債金利が五％になって国債価格が二五％くらい下がったとしても、債務残高対名目GDPは発散するわけでないので、「国の破綻」とはいえません。

ただ、ここで注意しなければいけないのは、債務残高の定義です。マスコミ報道をみると、これをきちんと理解していないものが多いです。役所がしばしば行なう言葉のすり替えテクニックですが、同じような言葉なのに、その時その場で都合良く定義を変えるのです。

たとえば債務残高については、国の債務だけなのか、地方まで含むのか、長期債務だけなのか、短期債務まで含むのか、それぞれを使い分ける「すり替えテクニック」のパターンがあります。

債務については、国の普通国債（五九四）、財投債（一一二）、交付・出資国債（四）、借入金（五六）、政府短期証券（一〇六）、地方・公営企業債・交付税特会借入金（一九八）という数字があります（かっこ内の単位兆円、二〇〇九年度末）。

総政府債務残高というときには、国の普通国債、財投債、交付・出資国債、借入金、政府短期証券の合計で八八三兆円。国と地方の長期債務残高というときには、国の普通国債、交付・出資国債、借入金、地方・公営企業債・交付税特会借入金の合計で重複分を除いて八二五兆円。――こんな具合です。市場関係者向けには、国の普通国債五九四兆円だけをいうときもあります。

このように、債務ひとつとっても、いろいろな言葉が一人歩きすると混乱してしまいます。となると、もっとも包括的な債務で考えるほうがいい。ここまでくると、さらに包括的なバランスシートで見るほうがいいとわかるでしょう。それでみると、政府内で所有している公債が相殺されますが、公債以外の債務もカウントされます。

国のバランスシートは、一九九五年頃に私が当時大蔵省にいたときに試作したもので、今では正式書類になっています。二〇〇七年度のものをみると、資産は六九五兆円、負債は九七八兆円で、その差額は債務超過の二八三兆円です。本書の執筆時は二〇一〇年六月ですが、そのときでも、国の一般会計・特別会計のバランスシートの最新のものは二〇〇七年度のものです。民間なら年度が終わって二カ月もするとバランスシートはできますが、国では二年も待たなければいけないのです。もっと早くできるのに、どうしてやれないのでしょうか。本当の姿を早く知らせたくないのかと邪推してしまいます。

債務超過というと、民間なら破綻ですが、国では簿外に課税権があるので、破綻とはいいません。ちなみに、米国の連邦政府貸借対照表においても、「資産・負債差額（ネットポジション）とは資産と負債の差額である。ネットポジションが大幅なマイナスであっても、政府が支払不能ということではない。政府には、課税権や国全体の経済基盤という債務償還のための特有の手段があり、これにより、政府は現在の義務と将来の政府活動から予想される義務を果たすことができる」という解説がつけられています。

†国が破綻するとどうなるか？

筆者のように、債務をバランスシートで包括的かつネット（正価）でみると、ネット債務額はこれまで政府がいってきた数字より小さいことがわかります。この事実は政府のいうグロスの数字のみを鵜呑みにしてきた人にとって、都合が悪いのか、国がもっている資産はすぐ売れないのでまちがっているなどと、いろいろと批判されます。

しかし、**本当**に、**国が破綻**するとなったらどうでしょうか。

国の資産のうち**大半は金融資産**であり、しかも**役人の天下り先**である**特殊法人**などの**国の子会社**です。**親会社が破綻**となったら、**子会社は売却**するなり**処分**されるでしょう。

実際に売却できなくても、国の国債とのスワップもあるでしょう。と考えれば、ネット債務額であるのが当然です。日本でグロスの債務残高の数字が大きいのは、グロスの資産が大きいことの裏返しです。資産の大半は特殊法人などへの資金提供です。

国の破綻という歴史上まれな事件を考える場合には、長期的な視点で債務残高対名目GDPの数字は押さえておきたい。次ページ上の図27は、実線はこれまでのようなグロスの債務残高対名目GDP、破線はネットの債務残高対名目GDPの推移を示しています。次ページ下の図28は、長い歴史のあるイギリスで、ネットの債務残高対名目GDPの推移です。

これらを見ると、現在の日本の水準は、六〇%程度です。たしかに褒められるような水準ではなく、近年急上昇しているのは要注意です。しかし、かつてのイギリスは二五〇%と酷いときもありました。日本はそれほどではないので、長期的な視点でうまく経済運営すれば、破綻することはないだろうという程度です。

図27　公的債務残高の対 GDP 比（日本、1885-2009）

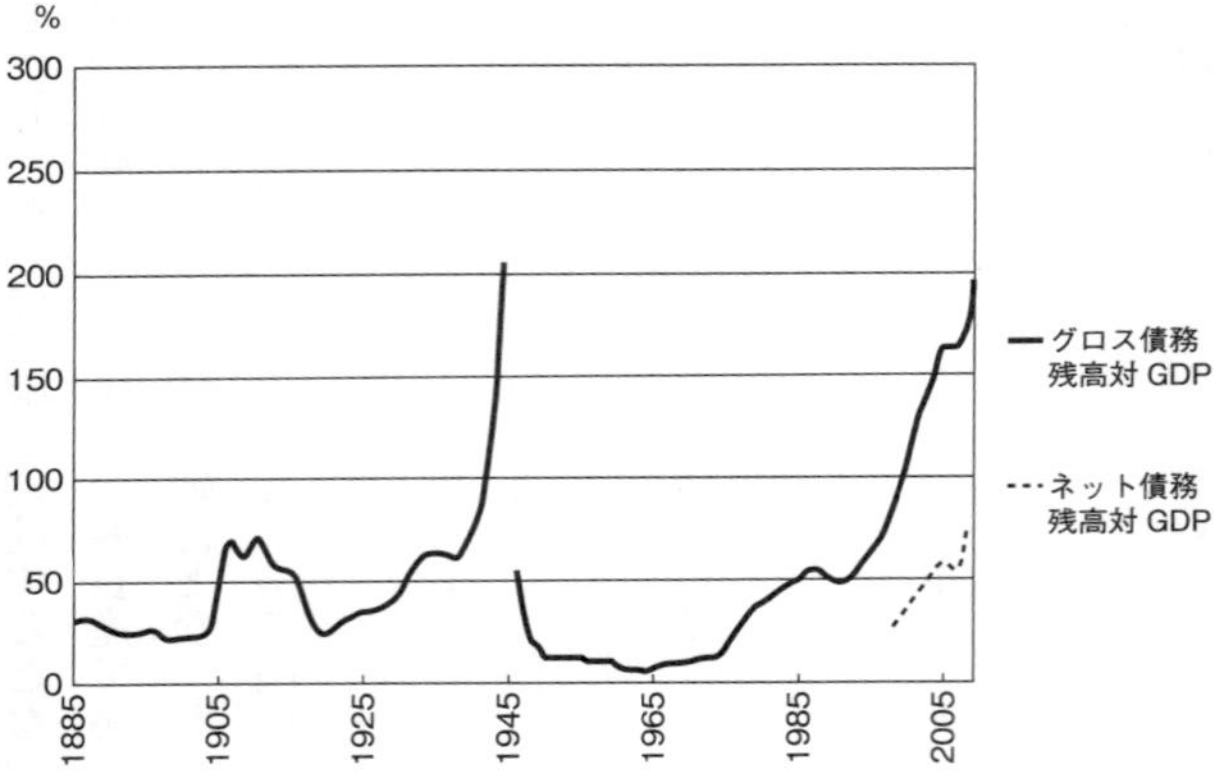

図28　ネット公的債務残高の対 GDP 比（イギリス、1700-2011）

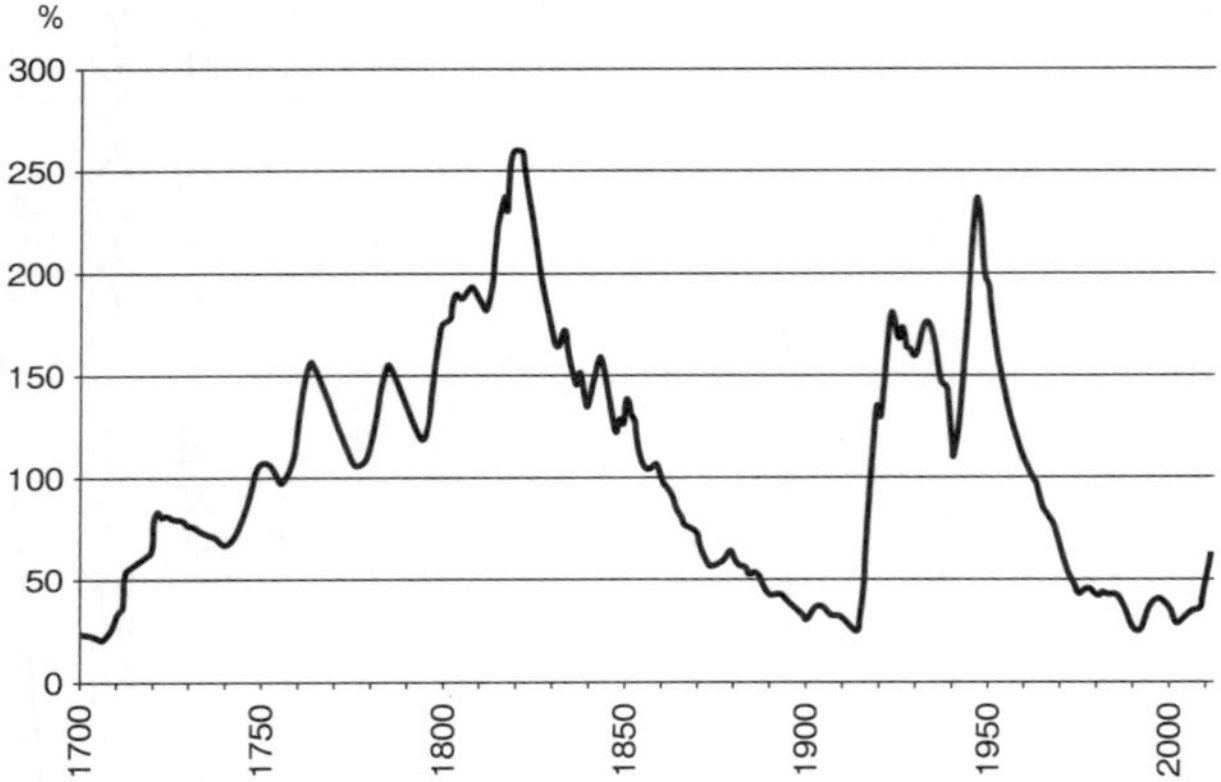

†ギリシャの教訓

ヨーロッパの小国にすぎないギリシャが世界の金融市場を混乱に陥れています。ギリシャの暴動のニュース映像は強烈な印象を人々にあたえ、それに動揺したのか、ニューヨーク市場では誤発注も手伝い一時パニック売りも見られました。

ギリシャのGDPは二五〇〇億ユーロ（三〇兆円）しかなく、だいたい神奈川県民の所得と同じレベルです。これはユーロ圏のGDP総額九兆ユーロ（一〇八〇兆円）の三％にも満たないのです。

ギリシャ問題を複雑にしているのは、ギリシャの特殊性とユーロという共通通貨制度です。

まずギリシャの特殊性。ギリシャは破綻（債務不履行と債務条件変更）の常習国なのです。一八〇〇年以降の二〇〇年余の歴史のなかで、債務不履行と債務条件変更の年数は五〇％を超えます。いうなれば、二年に一度は破綻している国なのです。

ユーロ圏では、ギリシャ以外にもポルトガル、イタリア、スペイン（ギリシャとともに各国の頭文字をとって、PIGSと呼ばれている）も財政問題が指摘されています。

図29　各国の債務不履行・債務条件変更の年数の割合（1800年以降）

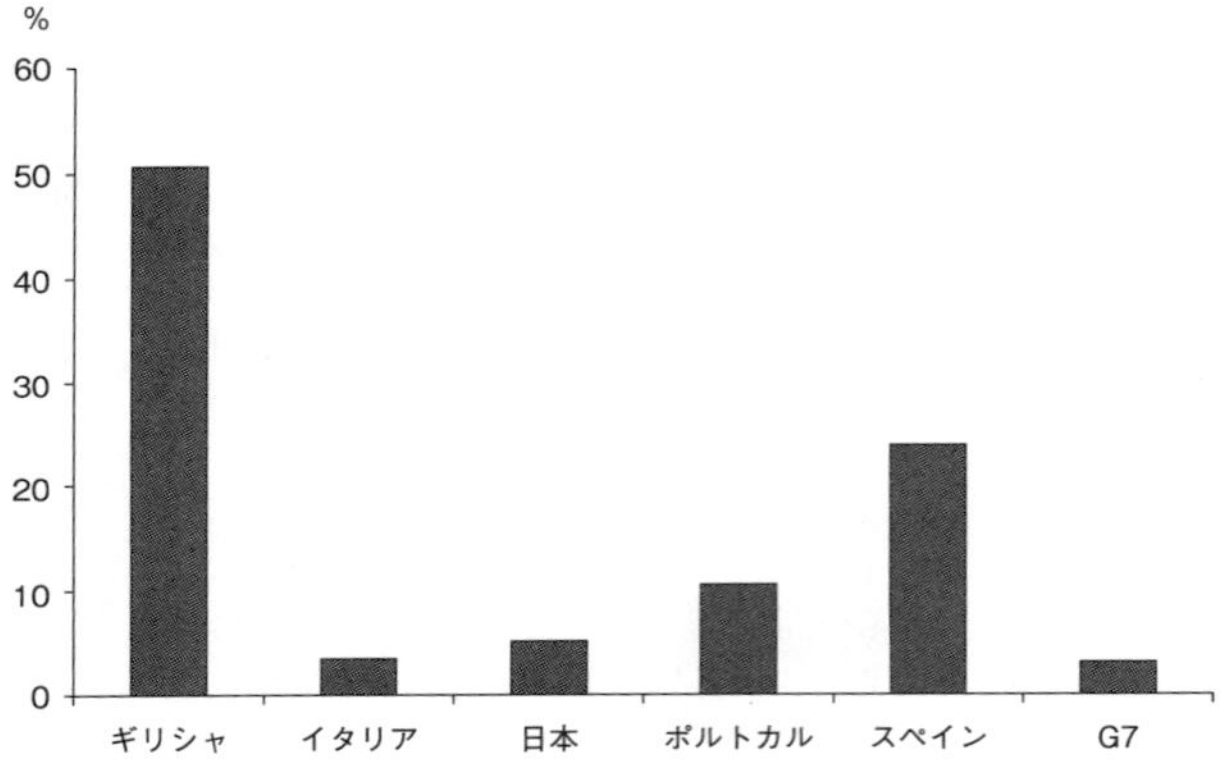

しかし、これらの国のなかでも、ギリシャはこれまでの素行は圧倒的に悪いのです（図29）。

さらに、ギリシャは、財政危機に関して公務員給与カットなど財政支出削減、増税というギリシャ独自の緊縮財政を発表していますが、ヨーロッパのなかでも指折りの公務員天国であり、その実効性が疑われています。

ちなみに、ギリシャの公務員は雇用者の二四％（これも多い！）ですが、その所得は雇用所得全体の三三％にも達しています。これは公務員給料が民間より五割も高いことを意味しています。

また、ギリシャには政府所有企業（日本の特殊法人、独立行政法人）が七四もあり、その企業価値は四四〇億ユーロ（五・三兆円）でＧＤ

P比一八％です。公的セクターが大きい日本でも、政府所有企業の価値はGDPの一〇％程度ですから、ギリシャでの凄さがわかるでしょう。さらに、企業・製品規制について、ギリシャはOECD国のなかでもっとも厳しく競争を制限しています。

このように民間経済がしっかりしていないことから、財政再建のための公務員給与カットや民間への増税ができるかどうか疑問視されているのです。

†ユーロ共通通貨の罠

次に、ユーロ共通通貨制度です。一九九九年、一一カ国でスタートし、その後ギリシャなどが加わり、現在一六カ国でユーロが使われています。ユーロ圏において、各国は主権があるので独自の税制度と財政支出を行なっています。

しかし、共通通貨を使っているため、各国は独自の中央銀行をもたずに、金融政策をドイツ・フランクフルトにあるヨーロッパ中央銀行に委ねています。日本でいえば、財務省はあるが日銀がないのと同じです。自国の中央銀行はなく、他の国の中央銀行に金融政策を頼んでいます。

他人任せの金融政策で一国の経済をうまく運営することはむずかしいのです。そうした理由で、イギリスなどはEU（ヨーロッパ連合）に加盟していても、ユーロを導入していません。共通通貨制度には、市場が広がるというメリットもありますが、金融政策の自由度を失うというデメリットは大きいのです。

ユーロ圏では、ギリシャをはじめとするPIGSの財政問題が指摘され、これらの国も同様の財政危機になるという思惑から、ユーロが急落しています。その反射として、ドル・円が通貨高となり、アメリカや日本の輸出企業にダメージを与えます。特に、日本は輸出主導で景気回復しているので、影響をより大きく受けるでしょう。

もし、ギリシャがユーロ国ではなく、金融政策が使えるなら、緊縮財政による経済への悪影響を和らげるような金融緩和策を同時に行なうことができます。

その場合、ユーロの急落はなく、ギリシャ独自通貨だけが急落します。そもそも、PIGSなどと一言でいいますが、前出のように、これまでの歴史からみれば、ギリシャだけが格段に悪いのです。

最近、このギリシャ問題をダシにして、日本の財政もギリシャと同じで破綻するという声が大きくなっています。菅総理も、自身のブログでギリシャ問題を続けて取り上げていました。いろいろなマスコミの論調も菅総理同様、「日本の債務残高の対GDP比は一・

八倍で、ギリシャのそれは一・二倍なので、より大きい」「消費税増税は避けられない」などという話が多いのです。

しかし、債務残高の対GDP比で日本が大きい理由は、前で述べました。菅総理がいう「国債発行残高は金メダル級」を借りれば、「官僚が支配する政府資産も金メダル級」です。

そのうえで、ギリシャを教訓とするのであれば、日本でも公的セクター改革を行ない、公務員改革や民営化などによる政府資産のスリム化を行なわなければいけません。郵政民営化の逆行なんて論外です。なにより、日本では金融政策が使えます。

この一〇年間も続いてきた日銀のデフレ・ターゲットを直すことが先決です。そうすれば、四％程度の名目経済成長は可能になります。

日本の財政問題は、G7国とたいしてちがいません。金融政策などのまともなマクロ経済政策を行なえば、かなり対応可能です。そのうえで、本当に必要なら増税を行なえばいいのです。政府資産の売却や金融政策に言及せずに、一気に増税という話は、ギリシャ問題に悪のりした財政当局など財政至上主義者の増税キャンペーンでしかないでしょう。

そもそも、ギリシャがユーロに参加したことが適切でなかったのです。ギリシャは、参加したときに統計データを改竄《かいざん》していたことも明らかになりました。これも大問題です。

図30　各国のユーロへの適合性

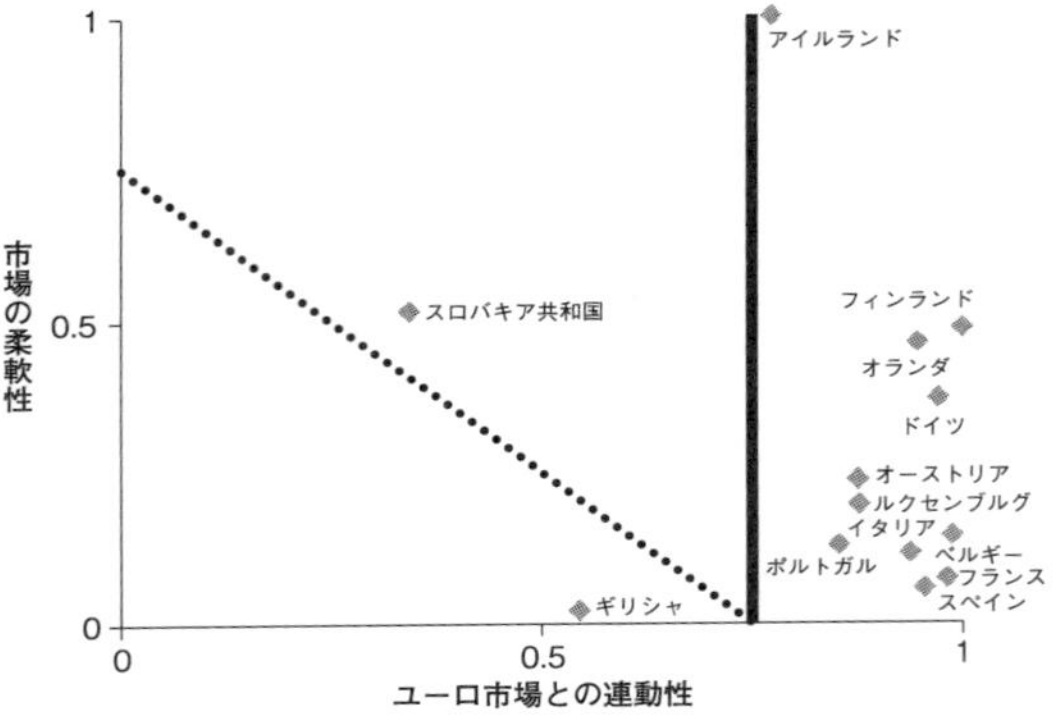

さらに、**最適通貨圏の理論**からみてもギリシャのユーロ参加は適切でありません。

最適通貨圏の理論とは、経済学者ロバート・マンデル（一九九九年度ノーベル経済学賞受賞）がいったもので、ユーロのような同一通貨を使用するための条件を明らかにしています。それによれば、ユーロ地域と自国の経済変動が同じようであればいいのですが、それが異なる場合には、自国の財・労働市場などの経済構造が柔軟でユーロ地域の経済変動を吸収できなくてはなりません。

それを示したのが図30です。横軸は各国実質GDPとユーロ地域実質GDPの相関係数から「ユーロ市場との連動性」を表しています。縦軸は各国価格の変動係数とOECDが公表している雇用保護指数から「市場の柔軟性」を示しています。

横軸のユーロ市場との連動では、右に行くほど連動しているので、縦実線の右はユーロ適格です。左に行くほどユーロ市場と連動性がなくなるので、市場の柔軟性が求められます。というわけで、斜め破線の上なら適格になります。となると、ギリシャは不適格になります。もしギリシャがユーロにとどまるのであれば、かなり構造改革をして市場の柔軟性が増さないといけません。そうしないとギリシャはふたたび問題となりうるでしょう。

†大きな時代逆行をしている郵政の見直し

あらためて日本の現状を見てみましょう。

日銀が中央銀行として異例である産業金融に踏み込もうとしている一方で、政府内では、郵政民営化の見直しという名目で、財政投融資の復活という国による産業金融という方向で暴走しています。

二〇一〇年四月六日、衆院財務金融委員会で、郵政民営化の小泉純一郎《こいずみじゅんいちろう》元首相の息子、小泉進次郎《こいずみしんじろう》衆院議員と、郵政民営化反対で自民党を離党した亀井静香元金融・郵政改革担当相（当時）が郵政民営化を巡りバトルしました。小泉氏は「支持率〇％の政党が民主党に、この国の制度の大きな変更を強行しているのはおかしい」と痛烈に皮肉りました。これに対して、亀井氏は「世論調査に従って政治をやるなら政治家はいらない」と大人の余裕で反論しました。

ただ、世論に支持されていないもので、二〇〇五年総選挙において明らかに世論に支持された郵政民営化が、郵政「再」国有化に大きく方向転換したことは、小泉氏のいうとおりです。鳩山政権時の郵政民営化見直しは、再国有化のみならず、再「肥大化」へと進もうとしていたのです。

この動きを政局的にみれば、小泉憎しの亀井静香金融・郵政改革担当相の一人芝居です。一般国民の支持率も低迷している国民新党にとって、数十万票ともいわれた全国郵便局長会（旧全特）や郵政の労働組合の支持にたくすしかないのですから、なりふりかまわずの選挙対策でしかありません。

もっとも、政局論と政策論は、横糸と縦糸のようにうまく連携しないと、大きな改革はできません。ここでは、政策論の観点から、郵政民営化の見直しを論じてみたいと思います。

†郵政民営化とはなんだったのか？

まず、郵政民営化とはなんだったのかを整理しましょう。

小泉純一郎元首相のもとで進められた郵政民営化案と、今回の亀井氏の見直し案、それに二〇〇五年総選挙で野党民主党が提示した対抗案の三つを比較したのが次ページの表です（図31）。

並べてみるとわかりますが、マスコミで報道されている五社体制とか、三社体制とか、預入限度額やユニバーサル（全国一律）サービスとかの個別の現象面はどちらかというと枝葉末節《しようまっせつ》で、**重要なキーだったのは、どこまで政府の関与があるかを示す政府関係の出資なのです。**

どの案でも郵便事業と郵便局に政府関係の出資がありますが、これは郵便事業にユニバーサルサービス義務を課したり、郵便局に店舗設置義務を課したりすれば、同じような規制になるからです。

なお日本では、政府関係の出資があっても「民営化」といいますが、国際的には「民営化」（Privatization）とは呼びません。「公社化」または「特殊会社化」（Corporatization）と呼びます。日本では公社化や特殊会社化をわざと「民営化」に含めて、政府出資のない民間会社になることを「完全民営化」と称しているのです。だから、日本郵政の場合は

図31　郵政改革３案の対照表

	小泉政権の改革案	改革見直し亀井案	05年総選挙の民主党案
①企業形態	１持株会社（日本郵政）＋４分社（郵便、郵貯、簡保、郵便局）	１会社（郵便）＋２子金融会社（郵貯、簡保）	１公社（郵便）＋１子金融会社（郵貯）
②金融２社	完全民営化（政府関係の出資なし）	２社への出資を３分の１超とする	郵貯は100％子会社、簡保は完全民営化
③政府出資	持株会社への出資は３分の１超、郵便、郵便局への出資は100％	会社（郵便）への出資は３分の１超	公社（郵便）への出資は100％
④全国一律サービス	郵便にのみユニバーサル（全国一律）サービス義務を課す	郵便のほか郵貯、簡保にもユニバーサルサービス義務を適用する	郵便と郵貯にユニバーサルサービス義務を課す
⑤郵便局	店舗設置義務を課す	店舗設置義務を課す	店舗設置義務を課す
⑥限度額	貯金の預入限度額を1000万円、保険の加入限度額を1300万円（完全民営化後は撤廃）	貯金の預入限度額を1000万円から2000万円に、保険の加入限度額を1300万円から2500万円に引き上げる	郵貯の預入限度額を1000万円から700万円に引き下げる
⑦雇用	民間会社として雇用	20万人の非正規職員のうち一部を正社員化する	天下りを禁止する

「民営化されたが完全民営化ではない」という論理矛盾の話になります。官僚の意図的な呼び替えです。どこの国でも民営化は政治案件になるので、概念を政治的に歪めることは多少ありますが、このような羊頭狗肉は褒められたものではありません。

にもかかわらず、金融二社（郵便貯金と簡易保険）で三案に決定的なちがいが浮かびあがります。小泉案では政府関係の出資がなく、純然たる「プライバティゼーション」ですが、亀井見直し案は、政府関係の出資があるので英語では「民営化」といえません。五年前の民主党案は、簡保だけ完全民営化でした。小泉民営化と亀井見直しは対極にあり、民主党案はその中間に位置していたといえるでしょう。

五年前の民主党は小泉民営化の支持者をかなり抱えていましたが、全逓《ぜんてい》（二〇〇七年に全郵政と統合して現在は日本郵政グループ労働組合）の応援団は小泉民営化に反対でした。その折衷案をつくったため、どっちつかずの案になったという経緯があります。もっとも簡保は「完全民営化」だし、郵貯は限度額を七〇〇〇万円に引き下げて規模を縮小させるとしているので、亀井案より小泉案に近いのです。

二〇〇五年の総選挙は、今でこそ自民党圧勝が当然だったようにいわれますが、二〇〇五年八月に郵政法案が参議院で否決され、小泉首相が国会解散と総選挙に打って出たときは、予測では自民党は二〇〇議席にも届かない惨敗のはずでした。それを覆して大勝できたのは、主張のはっきりしている小泉案が、曖昧な民主党案を政治的にも吹っ飛ばしたからでしょう。

刺客などの選挙戦術ばかり強調されましたが、肝心の政策がしっかりしていないと、どんな戦術も効果がありません。郵政民営化というシングルイシュー（単一の争点）のこの選挙戦は、しょっぱなから政策の具体性で自民が民主に優ったのです。自民は経済環境などの変化に応じて徹底した数値シミュレーションを行なってから郵政民営化の制度設計をしており、民営化後の実態まで数値化されていたからです。

あるテレビ番組で当時の竹中平蔵郵政民営化担当相と菅直人民主党前代表（現・総理）が議論しましたが、竹中氏が「民主党案のような限度額引き下げ案では収益が上がらず、税金を投入しないと雇用を確保できない」と具体的な数字をあげて指摘し、菅氏は有効な反論ができませんでした。当時の岡田《おかだ》克也《かつや》民主党代表（現・外相）も「本来は民営化が筋」といいだすなど、民主党はつめの甘さを露呈しました。

†郵政見直しのいびつな人事

なお、亀井見直しでは、制度面での見直しよりも先行して、実体面での方向転換も着々と進行していました。

二〇〇九年一〇月、日本郵政の西川善文《にしかわよしふみ》社長から元大蔵省事務次官の齋藤次郎《さいとうじろう》社長への交代劇があり、二〇一〇年三月にも、郵便事業会社の北村憲雄《きたむらのりお》会長が退任しました。西川前社長や北村前会長は二〇〇七年の郵政民営化にあわせて、三井住友銀行やトヨタ自動車から日本郵政に来ました。これら民間出身者の退任は、人事面での「民から官へ」を実感させ、民営化路線からの転換が浮き彫りになりました。

それと、忘れてはならないのが、原口一博《はらぐちかずひろ》総務相が関与したとされている人事も問題です。日本郵政社長に齋藤次郎元大蔵省事務次官をもってきたのは、豪腕小沢と亀井静香郵政改革相のコンビであり、その陰に隠れて目立ちませんでしたが、副社長に高井俊成《たかいとしなり》氏をもってきたのは、原口総務相です。これについては、原口総務相は口を閉ざしていますが、高井氏自身が経済紙のインタビューでしゃべってしまいました。

日本郵政は今のところ持株会社であるので、その副社長は子会社の社長になるのが普通です。斎藤社長も記者会見で話したように、高井氏はゆうちょ銀行の社長になるはずでした。

ところが、旧長期信用銀行常務の高井氏の名前が挙がると、高井氏は、退職後、金融関係者なら誰でも知っている駿河屋事件、丸石自転車事件、プライムシステム事件という一連の架空増資事件と関わりがあったという報道がありました。信用が大切な金融界では、こうした風評はすぐ出回ります。そして、なぜ高井氏が郵政副社長なのか、よりによって高井氏でなくてもいいだろうという話になったのです。高井氏はゆうちょ銀行社長になれず、ゆうちょ銀行は民間の金融関係者がいないといういびつな人事になっています。なお、原口総務相の部下である階猛《しなたけし》総務省政務官は、高井氏は元長銀時代の上司であるといっています。

また、西川社長が退任するときには、かなりの民間銀行出身者が退任しています。その結果、新体制では、幹部クラスに民間銀行出身者がほぼ皆無という状況になっています。

†民営化しないと郵政は破綻する

亀井見直しは、政治的には小泉民営化の否定ですが、経済的な意味はなんでしょうか。

そのために、小泉民営化のロジックをふりかえりますが、その経済的な理由は単純です。

当時、「民営化すると利便性が向上する」とか、「お金の流れを官から民へと変える」という理由がしばしばいわれていましたが、それらは副次的なものでしかありません。実は、「民営化しないと郵政が破綻するから」というのが、民営化の本質的な理由です。

小泉民営化は、「お金の流れを官から民へと変える」という方針で二〇〇三年ごろから議論がスタートしました。「民営化しないと破綻する」という話が本格的に浮上してきたのは、法案が用意された二〇〇四年秋頃からです。

その当時、しばしば「郵政は税金投入なしの独立採算でやってきた」と、郵政民営化に反対するサイドから説明されてきましたが、結論からいえば、この説明は誤りです。税金投入なしというのは、形式的ないい方で、実質的には税金が投入されてきました。

というのは、二〇〇〇年まで、郵政のうち稼ぎ頭の郵貯と簡保は、**財政投融資システム**のなかにあったためです。

財政投融資とは、大蔵省（現・財務省）が、郵貯・簡保や年金資金を原資として調達し、それらを特殊法人に貸しつける官製金融システムです。入口に郵貯・簡保や年金資金、中間に大蔵省、出口が特殊法人です。つまり、入口から中間では、郵貯や簡保は大蔵省に資金を預託して、大蔵省から預託金利を受け取ります。中間から出口では、大蔵省はその資金を特殊法人に貸しつけ、特殊法人から財投金利を受け取ります。預託金利と財投金利は同じであり、大蔵省が利ざやを取るわけではありません。

しかし、問題は財投金利（預託金利）の水準です。大蔵省や政府の一〇〇％子会社である特殊法人が自ら資金調達すれば、国債金利並みの低金利で資金調達できます。それにもかかわらず、財投金利（預託金利）は国債金利よりも〇・二％程度高かったのです。特殊法人が支払う金利の負担は、特殊法人への税金投入で賄われていました。これを、財政投融資システム全体でみれば、特殊法人へ投入された税金が、財投金利（預託金利）の〇・二％の上乗せというメカニズムによって、郵貯や簡保に回っていたということです。

これは、私が郵政への「ミルク補給」と呼んでいるものです。つまり、**形式的には郵政は税金投入を受けていなかったようにみえますが、実は預託金利の上乗せという形で、特殊法人に投入された税金が巡りめぐって郵政に投入されていた**のです。

そして、このミルク補給は、一九九八年の財投改革でなくなることが決まり、二〇〇〇年から郵貯や簡保から財務省への新規預託も停止されました。もちろん既存の預託金はあったので、すぐにミルク補給はなくなったわけではありませんが、徐々になくなり、今ではほぼ完全になくなったといってよいでしょう。

となると、どうなるのでしょうか。結論を先取りしていえば、ミルク補給が切れた郵政は破綻するのです。

†郵政国有化は民業を圧迫する

それを理解するために、まず、政府出資のある、つまり国有の金融機関の運用がどうなるかを考えましょう。

金融においては、信用が決定的に重要です。国有で政府の後ろ盾があれば、調達コストは国債金利並みになって、最低コストになります。そのままで、もし民間並みの経営ができれば、民間金融機関ではまったく対抗できなくなるほど強い金融機関になるでしょう。これが、国有金融機関に常につきまとう「民業圧迫」の懸念です。

この観点からみれば、民営化以前の郵貯や簡保について、民間金融機関から常に民業圧迫の批判が出ていたのは納得できます。またこのような民業圧迫は、海外からは不公正な取引とみえるのです。

ちなみに、小泉政権後、郵政民営化が後退する危険性があったので、二〇〇七年二月一四日、米下院の歳入委員会の公聴会において、シュワブ米通商代表部（USTR）代表は日本の郵政民営化について、「民間との公平な競争条件を保てないと判断すれば、世界貿易機関（ＷＴＯ）への提訴も辞さない」と発言して、日本に警告を与えました。これを裏づけるように、二〇一〇年三月半ばごろ、ルース駐日米大使とリチャードソン駐日欧州連合（ＥＵ）代表部大使の連名で、日本政府に対して郵政民営化見直しでＷＴＯ違反のないように警告文が届けられました。

というわけで、国有の金融機関は、民業圧迫を意識せざるをえず、そのため運用制限などの業務が制限されるようになります。

この業務制限は、別の理由からも正当化されます。それは、国有ということは株主が国民であり、国民は業務を無制限にした場合の運用の失敗のつけを回され、国民負担が増えることを嫌います。そのため、あらかじめ国有の金融機関の業務を制限し、安全かつ確実に運用するわけです。国有の金融機関の場合、「武士の商法」になって運用失敗する可能性が高いのです。歴史的にみると、失敗したこともあるので、運用制限はやむをえないでしょう。

†民営化されない場合のシミュレーション

財政投融資の歴史をたどると、その原型は一八七八年に郵便貯金が大蔵省国債局に預けられたときですが、当初の運用は国債だけに限定されていました。その後、各種の国家施策を支えるための運用の拡大が要請され、運用対象範囲が特殊銀行会社債、地方債、外国債などへと拡大しました。

さらに、一九一〇年ごろから国内事業資金の供給や対外投資にあてるため、特殊銀行会社債の引き受けなどが増加しました。これらのなかには、有名な西原借款《しゃっかん》があります。これは一九一七―一九一八年にかけて、寺内正毅《てらうちまさたけ》首相の私設公使西原亀三《にしはらかめぞう》と蔵相勝田主計《しょうだかずえ》によって、中国の段祺瑞政権に供与した借款で、一億四五〇〇万円（当時の「財投」残高の三分の一、国家予算の二割程度）になりましたが、のちに回収不能となり、国による元利金の肩代わりなどの整理が行なわれました。これが有名な西原借款事件です。その後、この教訓によって運用対象は制限され、国債、地方債、特殊会社債などとなり、現在までその基本的な考え方は踏襲されています。

このように運用制限があると、結局、郵政を支える郵貯や簡保はじり貧になります。小泉民営化の時、じり貧は数値シミュレーションで示されていました。その結果は、**「民営化されないままだと、十数年たつと郵政は破綻する」**という衝撃的なものです。

シミュレーションの前提は、たとえば郵貯について、長い目で見れば調達コストは同じ期間の国債金利とほぼ同等になることでした。もちろん、郵貯では定額郵貯などちょっと定期性預金と異なるタイプの貯金もあります。六カ月経つと解約できるということは、定額郵貯は定期性預金に解約オプション（プットオプション）をつけたものと理解できます。ここで、長期的に平均金利が国債金利並みというのは、オプションコスト（利得）を織り込んでの意味です。

実際のシミュレーションでは、金利環境によって解約されるというモデルで計算しました。通常貯金の比率が多くなると調達コストは下がります。そのため、今のような低金利環境では比率は高いですが、金利が上がると比率は低下するので、収支に与える効果は一定範囲内になります。

こうした状況で、運用が基本的には国債に限定されると、信用リスクで収益をとることはできません。期間リスクでの収益は考えられますが、長期間でシミュレーションをするので、その間に逆イールドにもなるのです。となると、期間リスクでの長期的な収益はなくなるのです。シミュレーションでは期間リスクをとらないか、一定の範囲内での期間ギャップを想定して計算しました。

そうした前提でのシミュレーションの結果、**民営化しないで郵政を維持するためには、**

年間一兆円の税金投入が必要であるということが示されていました。大雑把ない方をすれば、郵政の金融事業ではリスクをとって収益をえるという通常の金融ビジネスモデルは成り立たず、国有であるからリスクをとれないので、郵政二〇万人の職員を維持するためのコストが追加的に発生するというわけです。

これらの結果は、一九九八年の財投改革前まで、隠れた税金投入である「ミルク補給」によって郵政の経営が維持されてきたということと整合的です。

亀井見直しでは、非正規職員の一部を正規社員にするので、さらに追加的に三〇〇〇億円の人件費がかかるので、再国有化された郵政の維持コストは年間一兆三〇〇〇億円になっています。

なお、小泉民営化の際には、限度額を上下させた場合のシミュレーションも行なわれています。

たとえば、鳩山政権時のように限度額を引き上げると、ゆうちょ銀行とかんぽ生命に資金が集まります。それでどうなるかといえば、

①国債を買い増すか

②運用対象を拡大し、株などを購入するか

の二点です。

前者の国債を買い増すと、ますます郵政が国債買取の御用機関になるだけです。皮肉っていえば、郵政天下り人事で財務省から人を持ってきたのはそうした理由なのかと疑ってしまいます。

ただ、限度額を引き上げて、国債を買い増ししても、国債金利が金融商品のなかで最低利回り（今の低金利でなくても、国債の利回りは他の金融商品よりはいつも低い！）なので、郵政の収益は上がらず、結局「じり貧」から逃れられずに破綻します。せいぜい破綻までの時間が多少長くなるだけです。

†国家ファンド化が国を亡ぼす

再国有化された郵政の維持コストは、年間一兆三〇〇〇億円にもなるのにもかかわらず、鳩山総理（当時）は「税金を投入しない」と公言していました。

どうやるのかといえば、運用対象を広げて、「国家ファンド」にするという道です。しかし、郵貯も簡保もカネ集め機能はあるものの、運用機能がほぼゼロといっていい金融機関です。うまくいく確率は西原借款のように歴史的にもかなり低いはずです。

仮に奇跡が起きて運用に成功したとしても、国内外から民業圧迫の批判を浴びるか、WTOに提訴されるのがオチでしょう。失敗する確率はきわめて高く、その場合にはすべて国民の負担にツケが回されるのです。

民主党の「お子ちゃま大臣」は、国家ファンドは世界で行なわれているといいますが、成熟した先進国では成功しても失敗してもまずいので、そうしたバカげたことは行なわれていません。シンガポールや中東、そして中国が日本郵政のお手本になるでしょうか。生き馬の目を抜くファンドマネジャーたちの好餌《こうじ》になるだけです。

歴史も知らず、素人丸出しの前原氏や原口氏の口車に乗れば、たちまち兆円単位の損失が出るでしょう。彼らは「第二の西原」「第三の勝田」です。きちんとした展望があるならば、小泉案のような数値シミュレーションを政府として提出したらいいのです。

亀井郵政担当相（当時）の配下である日銀出身の大塚耕平《おおつかこうへい》副大臣は、テレビ番組で竹中氏に「数値シミュレーションは出す」と大見得を切りました。その後、政府答弁では「出さない」とハシゴを外されています。数値シミュレーションを示すと、鳩山政権のボロが出るということです。

実際、郵政法案の衆議院総務委員会はたった一日の審議で強行採決しました。その審議の際、やはり政府の見解としてのシミュレーションを出すべきと野党議員から質問を受けた大塚副大臣は、何を血迷ったのか、小泉時代のシミュレーションも「政府のクレジットのない、名無しペーパー」だと国会答弁しました。政府のサイト(http://www.yuseimineika.go.jp/yushiki/dai18/18siryou.pdf)にオリジナル資料がありますが、もちろん政府のクレジットがあります。これはあきらかなウソです。私も竹中平蔵さん(当時郵政民営化担当大臣)もテレビでそういいました。竹中さんは当時の大臣ですから、彼が出したといっている資料が政府のものでないという大塚副大臣の発言は誰の目からみてもおかしいでしょう。

亀井案は随所に綻びが出ています。

たとえば、これまで一生懸命働いてきた非正規職員の一部が、来年は必ず正規社員になれるので働かなくなり、現場が荒廃しているという局長の声は多いです。非正規職員が多い郵便事業部門では、金融業務で賃金が高い郵貯や簡保並みに、正規化される職員に給料を支払うとなると、大幅なコスト増になるはずです。雇用は勤務実態に応じて経営者が判断すべきものですが、亀井担当相の政治介入は今後の大きな禍根《かこん》となるでしょう。

それでも、利益誘導しか眼中にない亀井郵政担当相はしてやったりとご満悦です。日本

図32　国有郵政の末路

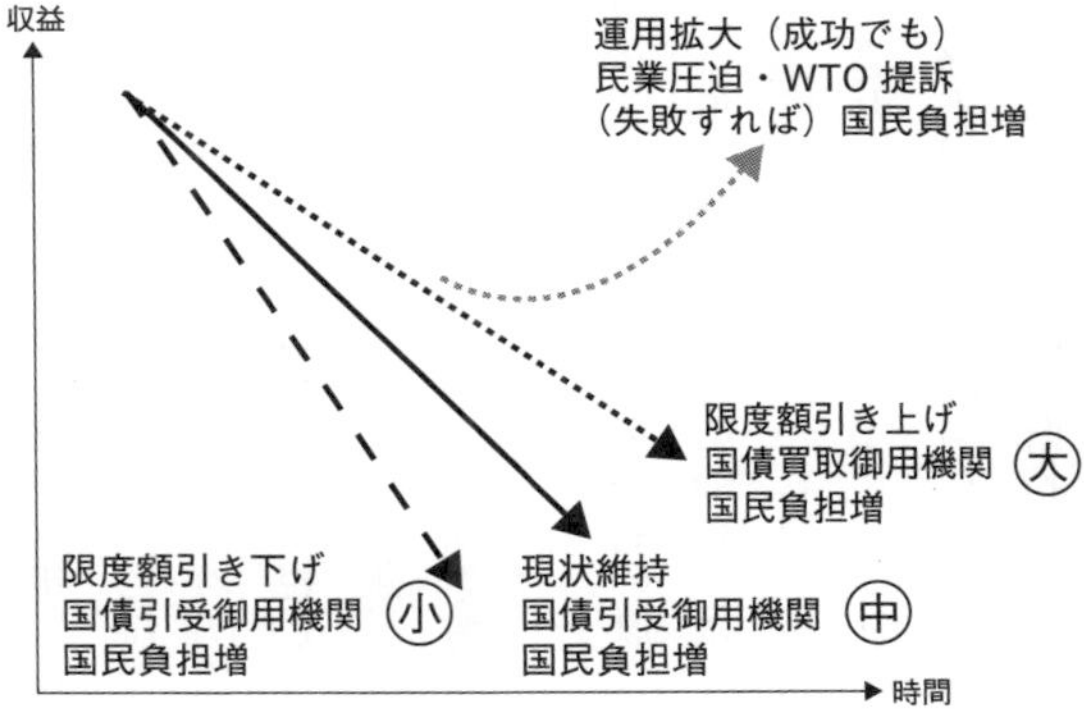

郵政の株式上場も普通の常識ではままならないが、へっちゃらです。ところが、能天気な原口総務相は「一日も早く株式上場したい」といい続け、周囲は「まれに見る愚鈍」と嘆いています。

結論をいいます。この二人が口出しする限り、日本郵政は「民業圧迫」どころか、運用に大失敗して寿命を縮めるだけでしょう。後世、二人はA級戦犯として必ず納税者の指弾を受けます。

†郵政は天下りの踏み台となる

郵政国有化は、かつての財政投融資の復古です。そうした流れのなかで、郵政と完全民営化を撤回した政策投資銀行との合併もでてくるでしょう。いずれにしても、このままであれば巨大な金融国有化は必然です。

かつて、財政投融資は金融社会主義と激しく批判され、一九九八年の財投改革、二〇〇五年の郵政民営化、二〇〇六年の政策金融改革につながっていきました。しかし、時間の針は一気に一五年前に逆戻りしています。

郵政民営化とコインの裏表の関係にある政策金融でもはげしい後退が見られて、財務省の復権が著しい。**財務省が重視してきた政策金融機関は、日本政策投資銀行、国際協力銀行の二つです。**その名前に「銀行」とあるのがそのプライドを表しています。他の政策金融機関は「公庫」という名前であり、「銀行」はそれより高いという位置づけになっているのです。

この二つの銀行は、財務省の歴代事務次官の天下り先です。

具体的な天下り状況については、質問主意書への正式な政府回答が書かれている中川秀《なかがわひで》直《なお》衆議院議員のブログから財務省関係者のみを抜き出せばわかります。日本政策投資銀行、国際協力銀行については、図33のとおりです。

財務省は天下りの面倒見がいいのですが、その頂点に立つのがこの二つの銀行です。この二つの銀行における財務省の復権は、とりもなおさず財務省が民主党政権を掌握したといえます。

図33　天下りの状況

日本政策投資銀行への天下り

昭和62年10月9日～平成4年7月15日	高橋元（公正取引委員長）※元・大蔵省事務次官
平成4年7月15日～平成10年1月1日	吉野良彦（大蔵省事務次官）
平成10年1月1日～平成13年1月19日	小粥正巳（公正取引委員長）※元・大蔵省事務次官
平成13年1月19日～平成19年9月30日	小村武（大蔵省事務次官）
平成19年10月1日から現在まで	藤井秀人（財務省事務次官）
昭和62年9月21日～平成2年7月16日	北村恭二（大蔵省証券局長）
平成2年7月16日～平成4年7月10日	瀧島義光（大蔵省関税局長）
平成4年7月10日～平成6年7月15日	松野允彦（大蔵省証券局長）
平成6年7月15日～平成10年7月14日	高橋厚男（大蔵省関税局長）
平成10年7月14日～平成13年7月26日	山口公生（大蔵省銀行局長）
平成13年7月26日～平成18年8月23日	乾文男(金融庁総務企画局長)
平成18年8月23日から現在まで	竹内洋（財務省関税局長）
昭和60年4月1日～平成3年5月22日	吉岡孝行（北海道開発庁事務次官）※大蔵省OB
平成3年5月22日～平成5年1月20日	窪田弘（国税庁長官）
平成5年1月20日～平成9年7月30日	宍倉宗夫（防衛事務次官）※大蔵省OB
平成9年7月30日～平成12年6月7日	濱本英輔（国税庁長官）
平成10年7月14日～平成13年7月26日、平成12年6月7日～平成15年6月9日	松川隆志（北海道開発庁事務次官）※大蔵省OB
平成15年6月9日～平成19年9月30日	山口公生（大蔵省銀行局長）
平成3年7月1日～平成7年6月12日	中田一男（北海道開発庁事務次官）※大蔵省OB
平成7年7月5日～平成11年9月30日	竹内透（北海道開発庁事務次官）※大蔵省OB
平成11年10月1日～平成17年9月30日	北村歳治（大蔵省財政金融研究所次長）
平成元年6月30日～平成3年6月30日	篠原忠良（大蔵省大臣官房審議官）
平成8年7月1日～平成11年6月30日	藤田尚士(大蔵省主計局局付)
平成20年10月1日から現在まで	斎藤博（東京税関長）

国際協力銀行への天下り

昭和61年5月23日～平成2年5月22日	田中敬（大蔵省事務次官）
平成2年5月22日～平成6年5月13日	山口光秀（大蔵省事務次官）
平成6年5月13日～平成13年6月29日	保田博（大蔵省事務次官）
平成13年6月29日～平成20年9月30日	田波耕治（大蔵省事務次官）
平成20年10月1日から現在まで	細川興一（財務省事務次官）
平成11年10月1日～平成19年9月30日	篠沢恭助（大蔵省事務次官）
平成20年10月1日から現在まで	渡辺博史（財務省財務官）
平成元年6月30日～平成3年9月13日	岩崎文哉（大蔵省印刷局長）
平成3年9月13日～平成4年7月31日	山崎高司（大蔵省大臣官房付）
平成4年7月31日～平成7年7月10日	江沢雄一（大蔵省国際金融局長）
平成7年7月10日～平成11年9月30日	鏡味徳房（大蔵省関税局長）
平成11年10月1日～平成13年2月16日	大塚功（大蔵省大臣官房付）
平成13年2月16日～平成14年9月1日	浜中秀一郎（ポルトガル国駐劄特命全権大使）※大蔵省OB
平成14年9月1日～平成15年1月17日	志賀櫻（東京税関長）
平成15年4月14日～平成18年10月31日	岩下正（財務省会計センター所長）
平成20年7月27日から現在まで	大村雅基（財務省大臣官房付）

それをより良く理解するために、政策金融機関の歴史に触れておきましょう。

小泉政権の前には、日本政策投資銀行、国際協力銀行、商工組合中央金庫、国民金融公庫、住宅金融公庫、農林漁業金融公庫、中小企業金融公庫、公営企業金融公庫、沖縄振興開発金融公庫と九機関がありました。それぞれ、財務、財務、経産、財務、国交、農水、経産、総務、財務が、歴代トップを送り込む天下り先です。

これを小泉純一郎氏が改革しようとすると、各省の権益を代弁した橋本龍太郎《はしもとりゅうたろう》氏が「指一つ触れさせない」と豪語したことは有名です。小泉政権下で、日本政策投資銀行と商工組合中央金庫は完全民営化、残りは、基本的には規模半減し、日本政策金融公庫への一本化（住宅金融公庫と公営企業金融公庫は別法人化）ということになりました。

こうした完全民営化、規模半減、一本化という政策金融改革については、公的金融システムの観点からみれば、郵政が調達サイドで政策金融機関が運用サイドになるので、郵政民営化とはコインの裏表の関係です。ここで財務省は、日本政策投資銀行の完全民営化、国際協力銀行の日本政策金融公庫への統合という屈辱を味わいました。小泉政権以前のどのような政権が行なった政策金融機関の見直しでも、財務省はほとんど無傷でした。しかし、いってみれば二大戦艦（大和と武蔵）を同時に失ったような打撃を受けたのです。

ところが、自公政権から民主党へと政権交代が行なわれ、郵政民営化の見直しによる郵政再国有化が進むとともに、政策金融改革の逆回転となってきました。

実のところ、政策金融改革の逆回転の一部は、政権交代の前から起きていました。政権交代前に、自民党が財務省の後押しで、議員立法によって実質的に日本政策投資銀行の完全民営化をストップさせる法案を出し、民主党も相乗りする形で成立しています。このとき、民主党は政権交代を控え、予算編成で財務省の歓心を買いたかったので、自民党を踏み台にしました。いずれにしても、まんまと自民党も民主党も財務省の術中にはまったわけです。

これで一つの銀行に対する財務省の復権はできましたが、もう一つもここにきて復権が終わりました。

†金融社会主義の完全復活

二〇一〇年二月一〇日、古川元久《ふるかわもとひさ》内閣府副大臣（現・内閣官房副長官）は、日本政策金融公庫の国際部門、国際協力銀行（JBIC）について「新幹線や環境技術をシステムとして輸出していくことは重要な戦略だ。そうした課題に取り組むためにJBICのあり方を今後検討したい」と記者会見で述べました。

そして、三月一七日、仙谷由人《せんごくよしと》国家戦略担当相（現・官房長官）は、国際部門の国際協力銀行（JBIC）の分離・独立など政策金融機関の再編について、今月末にも検討をスタートすることを明らかにしました。仙谷氏は「二〇〇八年の経営統合はほとんど成功していない」と指摘しています。同日、菅直人副総理兼財務・経済財政担当相（現・総理）

も衆議院財務金融委員会で、国際協力銀行のあり方について「統合メリットよりも、あまりにもちがう機能を無理やり一緒にした弊害が出ている」と述べ、「将来、（日本政策金融公庫から）分離させることも一つの検討課題だ」と述べました。

同時に複数の政治家が同じことをいうのは、財務省が各所に張り巡らされたネットワーを生かし政治家を操っているからです。仙谷官房長官も菅総理も、もはや財務省の手中に完全に落ちているといえるでしょう（菅落ち？）。財務省からは「仙谷も菅もそれほどではないね」という声が聞こえてきます。

それほどまでに、二つの銀行のポストはおいしいのでしょうか。

たとえば、官僚の天下りにすぎない国際協力銀行総裁は、海外では閣僚級の扱いを受けます。空港から飛行機横づけのリムジンによって通関なしで首都に直行できます。もちろんどこに行くにもパトカー先導で、ホテルは国賓館です。相手国の会う要人も次の国家元首クラスです。並みの閣僚でもここまで厚遇してくれないでしょう。

民主党政権は、政治主導でなく財務主導で「おいしい天下り指定席」を復活させるようです。と同時に、以前、「日本は公的な金融ばかりで、金融社会主義だ」といわれましたが、民主党政権で、その金融社会主義の完全復活となるのです。

政権交代になって、郵政民営化の揺り戻しなど政府が経済活動に関与するような方向になっています。それに、新成長戦略といいながら、昔ながらの産業政策を行ない、政府が関与する範囲が大きくなっています。これまでの産業政策の研究では、効果はなく、単に役人の天下りを増やしただけです。本当にそれでいいのでしょうか。

日銀でさえ、量的緩和という本業をやらずに、経済成長を促すための新貸出制度と称して政策金融のまねごとをやって個々の産業や企業に介入しかねません。量的緩和などの本来の金融政策は、個別の産業や個別の企業に関与しません。そのため、すべての企業に対して実質金利を下げることになっても、個々の企業の相対的な競争関係には関与していないところがいいのです。政府や中央銀行は、なるべく個々の経済活動には介入せずに、個々の経済主体に平等に効果のあるマクロ経済政策だけやるようにしたほうが、結果としては国の成長力を伸ばすのではないでしょうか。

ちくま新書
857

日本経済《にほんけいざい》のウソ

二〇一〇年八月一〇日　第一刷発行

著　者　髙橋洋一（たかはし・よういち）

発行者　菊池明郎

発行所　株式会社　筑摩書房
東京都台東区蔵前二-五-三　郵便番号一一一-八七五五
振替〇〇一六〇-八-四一二三

装幀者　間村俊一

印刷・製本　三松堂印刷　株式会社

乱丁・落丁本の場合は、左記宛に御送付下さい。
送料小社負担でお取り替えいたします。
御注文・お問い合わせも左記へお願いいたします。
〒三三一-八五〇七　さいたま市北区櫛引町二-六〇四
筑摩書房サービスセンター
電話〇四八-六五一-〇〇五三

ISBN978-4-480-06563-6　C0233

ちくま新書

831 現代の金融入門【新版】 池尾和人

情報とは何か。信用はいかに創り出されるのか。金融の本質に鋭く切り込みつつ、平明かつ簡潔に解説した定評ある入門書。金融危機の経験を総括した全面改訂版。

729 閉塞経済 ——金融資本主義のゆくえ 金子勝

サブプライムローン問題はなぜ起こったのか。格差社会がなぜもたらされたのか。現実経済を説明できなくなった主流経済学の限界を指摘し、新しい経済学を提唱する。

770 世界同時不況 岩田規久男

二〇〇八年秋に発生した世界金融危機は、百年に一度の未曾有の危機といわれる。この世界同時不況は、一九三〇年代の世界大恐慌から何を教訓として学べるだろうか。

786 金融危機にどう立ち向かうか ——「失われた15年」の教訓 田中隆之

「失われた15年」において、日本では量的緩和など多様な金融財政政策が打ち出された。これらの政策は、どのような狙いと効果をもったのか。平成不況を総括する。

825 ナビゲート！ 日本経済 脇田成

日本経済の動き方には特性がある。それをよく知れば、予想外のショックにも対応できる！ 大局的な視点から日本経済の過去と未来を整理する、信頼できるナビゲーター。

807 使える！ 経済学の考え方 ——みんなをより幸せにするための論理 小島寛之

人は不確実性下においていかなる論理と嗜好をもって意思決定するのか。人間の行動様式を確率理論を用いて抽出し、社会的な平等・自由の根拠をロジカルに解く。

785 経済学の名著30 松原隆一郎

スミス、マルクスから、ケインズ、ハイエクを経てセンまで。各時代の危機に対峙することで生まれた古典には混沌とする経済の今を捉えるためのヒントが満ちている！